本文库由"中国一汽 红旗品牌"支持出版
With Support of Hongqi, FAW Group

故宫博物院博士后文库

王旭东　赵国英 / 主编

多丽梅 / 著

清代中俄宫廷物质文化交流研究

文物出版社

图书在版编目（CIP）数据

清代中俄宫廷物质文化交流研究／多丽梅著. —北京：文物出版社，2022.10
（故宫博物院博士后文库／王旭东，赵国英主编）
ISBN 978 - 7 - 5010 - 7332 - 0

Ⅰ.①清… Ⅱ.①多… Ⅲ.①历史文物—文化交流—研究—中国、俄罗斯—清代 Ⅳ.①K871.49 ②K203

中国版本图书馆 CIP 数据核字（2021）第 264955 号

清代中俄宫廷物质文化交流研究

丛书主编：王旭东　赵国英
著　　者：多丽梅

责任编辑：卢可可
封面设计：特木热
责任印制：苏　林

出版发行：文物出版社
社　　址：北京市东城区东直门内北小街 2 号楼
邮　　编：100007
网　　址：http://www.wenwu.com
经　　销：新华书店
印　　刷：宝蕾元仁浩（天津）印刷有限公司
开　　本：710mm×1000mm　1/16
印　　张：11.25
版　　次：2022 年 10 月第 1 版
印　　次：2022 年 10 月第 1 次印刷
书　　号：ISBN 978 - 7 - 5010 - 7332 - 0
定　　价：80.00 元

《故宫博物院博士后文库》第一辑

作者名录

进站时间	合作导师	博士后
2014 年	朱诚如	多丽梅
	李 季	徐华烽
	宋纪蓉	张 蕊
2015 年	朱诚如	张剑虹
	王连起 赵国英	段 莹
	单霁翔	徐 斌
	张 荣	刘净贤
	王跃工 孙 萍	张 帆
2016 年	蒋 威	李艳梅
	陈连营	王敬雅
2017 年	朱赛虹	王文欣

《故宫博物院博士后文库》总序

2013年8月，故宫博物院正式设立博士后科研工作站，成为我国首批文博机构博士后工作站。截至2021年底，已有博士后合作导师40人，累计招收博士后65人，已出站26人，在站39人。博士后合作导师主要为院内专家，长期从事与故宫有关的考古学、古书画、古陶瓷、古籍档案、出土墓志、甲骨文、古建筑保护、馆藏文物保护、明清宫廷史、藏传佛教美术、宫廷戏曲、明清工艺美术、故宫博物院史等多个领域的研究，也涉及我国文博领域相关学术问题的探索。博士后工作站的建立，一方面为故宫博物院高端学术人才培养和引进搭建了平台，另一方面也促进文博业务人员深入学科前沿开展创新性研究，为今后文博系统科研人才的培养提供可借鉴案例。2020年，故宫博物院博士后工作站荣获全国优秀博士后工作站称号。

故宫博物院的博士后来自海内外不同高校，在站期间与导师合作开展研究，取得可喜成绩。累计发表各类期刊论文、会议论文190余篇，出版著作26部；参与各类科研项目80余项，其中国家社科基金和自然科学基金11项。在站期间，通过与合作导师共同进行科研工作，与故宫的专家进行学术交流与思想碰撞，不但丰富了个人的学术研究经验，而且为故宫的学术发展带来了创新与活力。为展示故宫博物院博士后工作站成立以来的学术成果，推进"学术故宫"建设，院里决定出版《故宫博物院博士后文库》丛书。

此次出版的丛书第一辑是故宫博物院博士后科研工作站的首批学术成果。本辑共11种，均是在博士后出站报告基础上修改完成的学术著作，大体可分为四类。一是围绕文物和艺术史的研究，包括段莹《周密与宋元易代之际的书画鉴藏》、李艳梅《故宫博物院藏〈秋郊饮马图〉的研究》、王敬雅《绘画中的乾隆宫廷》、张蕊《唐卡预防性保护研究初探》等。二是故宫宫廷历史文化研究，包括张帆《明代宫廷祭祀与演剧》、张剑虹《康乾时期物质文化遗产法律保护研究》、刘净贤《清代嘉庆、道光、咸丰三朝如意馆研究》、王文欣《〈御定历代题画诗类〉研究》、多丽梅《清代中俄宫廷物质文化交流研究》。三是故宫的建筑研究，为徐斌《元大内规划复原研究》。四是故宫相关领域的学术史研究，为徐华烽《故宫的古窑址调查研究（1949～1999）》。

故宫博物院 23 万余平方米的明清建筑和 186 万余件文物具有丰富的历史价值、审美价值、文化价值、科学价值和时代价值，不论在人类文明发展史上，还是在中国当代社会主义文化建设中，都有不可替代的重要作用。从 1925 年成立以来，故宫博物院一直以学术立命。建院之初，故宫博物院就明确提出"多延揽学者专家，为学术公开张本"和"学术之发展，当与北平各文化机关协力进行"的理念。党的十八大以来，故宫博物院以习近平新时代中国特色社会主义思想为指导，深入落实"保护为主、抢救第一、合理利用、加强管理"的文物工作方针，切实履行文化使命，真实完整地保护并负责任地传承弘扬故宫承载的中华优秀传统文化，提出以平安故宫、学术故宫、数字故宫、活力故宫为核心内容的"四个故宫"建设和覆盖各方面事业发展的九大体系，明确了新时期办院指导思想，推动博物馆事业的高质量发展，努力将故宫博物院建成国际一流博物馆、世界文化遗产保护的典范、文化和旅游融合的引领者、文明交流互鉴的中华文化会客厅。

习近平总书记强调，"一个博物院就是一所大学校。要把凝结着中华民族传统文化的文物保护好、管理好，同时加强研究和利用，让历史说话，让文物说话，在传承祖先的成就和光荣、增强民族自尊和自信的同时，谨记历史的挫折和教训，以少走弯路、更好前进。"学术研究工作是文化遗产保护和博物馆事业可持续发展的重要支撑和强大驱动。丰硕的学术研究成果是以时代精神激活中华优秀传统文化生命力的基石。故宫博士后科研工作站广大合作导师和博士后认真学习、深入领会、切实贯彻习近平总书记关于文化文物和文化遗产保护的重要论述和指示精神，站在中华文明的高度审视与研究故宫，按照故宫博物院发展规划的目标开展研究工作，全面深入挖掘故宫古建筑群和馆藏文物蕴含的人文精神和多元价值，进一步推动故宫学术科研体系建设与完善，充分发挥好文化传承创新与智库作用，努力成为我国文博领域学术研究的重要力量。博士后研究报告要立足重大问题、前沿课题和关键难题，要以扎实的研究根基和丰厚的学术成果，为故宫博物院肩负的历史使命提供学术支撑。

我们期待故宫博物院博士后工作站不断推出新成果，《故宫博物院博士后文库》也将继续分辑出版，使之成为展示故宫学术成果的一个新平台，在新时代书写故宫学术新篇章。

感谢一汽红旗集团对故宫学术的支持，资助出版该辑文库；感谢文物出版社和文库编辑委员会同志的辛勤工作。

是为序。

2022 年 7 月

序

　　中俄是邻邦，中俄文化交流的历史进程，伴随着碰撞和交往，推动了人类文明的进程。宫廷是国家权力中心，政令所出，号令天下。也是国家之间文化交流的中心。清代中俄之间的文化，除了文献典籍，就是今天典藏在两国皇宫博物馆的"器物"藏品。故宫博物院、国立艾尔米塔什博物馆、克里姆林宫博物馆所藏的宫廷交往文物，时间上涵盖了康熙大帝和彼得大帝、乾隆和叶卡捷琳娜二世及光绪、宣统和尼古拉二世，品类上包括了皇家武备、宫廷服饰、金银铜器、玉器、西洋仪器、各类毛皮、丝织品、典籍……，这些"器物"是中俄文化交流的载体与见证。触摸文物，解读历史，多丽梅的《清代中俄宫廷物质文化交流研究》是一本开创性的学术研究著作。

　　清代中俄交往频繁，在中国留下了大量文化遗存。其中清代皇宫紫禁城典藏的俄国宫廷文物遗珍独具特色。故宫藏的俄罗斯文物包括俄罗斯文献书籍、金银铜铁器、科技仪器、画像和照片、武器以及织绣和毛皮等，一直未做系统的整理和研究，很多文物来源不清，缺少档案和相关信息。多丽梅进入博士后工作站后，利用俄语优势和文物基础开始研究这些文物，通过几年的挖掘，她把故宫藏俄罗斯文物做了调查整理，并申请院课题《故宫藏俄罗斯文物研究》。值得一提的是，俄国末代沙皇尼古拉二世曾为皇太子时完成一次东方教育之旅，其中到访中国部分写成中文版《俄太子东游记》一书，该书共印制三本，分别送给光绪帝和慈禧太后，另外一本留存国内。百余年后，多丽梅在故宫发现此书，引起俄罗斯学界关注。在中俄学者共同努力下，目前这三部书已全部找到，两国学者对此进行了研究。同时，她还在故宫同事支持帮助下，将一批俄罗斯宫廷银器辨识出来，这批银器是沙皇为清朝帝后订制的礼品，由俄宫廷著名珠宝供应商专门制作，是两国帝王直接往来的见证。此外，中俄官方的首次图书交流发生在道光年间，由于这批藏于紫禁城的俄罗斯图书未做翻译，清末已经散佚。多丽梅通过查阅故宫档案找到这批赠书的一部分，目前仍在继续整理研究。而第一位驻华俄罗斯职业画家列加舍夫，曾与郎世宁齐名。他在京 10 年期间为清廷达官显贵画像，在紫禁城留下了多幅画作。多丽梅在加拿大皇家安大略博物馆藏品中找到列加舍夫的一幅中国官员画作。通过研究发现，在中西艺术交流、中国形象传播，甚至获取中国工业情报方面，列加舍夫都曾起过特殊作用。

　　同时，在俄罗斯也有大量中国物质文化遗存，伏尔加河流域多次发现中国瓷器、钱币及丝绸等出土文物，特别是宫廷往来文物。17～20 世纪，由于清政府对外交往奉行"厚往薄来"的贡赏礼仪，这使频繁来华的使团、商队和传教士带回大量"赏赐品"和商品。同时，受欧洲影响，历代沙皇很重视中国物品的收藏和购入，这些物品现藏于各大博物馆，数量庞大、种类丰富。2015 年，多丽梅赴俄罗斯访学，她遍访各大博物馆、档案馆，搜集档案和文物信息，还在艾尔米塔什博物馆、克里姆林宫博物馆做了深度交流，对俄罗斯研究中国文物现状有了较清晰的认识。2018 年，多丽梅申请《俄罗斯皇宫典藏中国瓷器研究》获国家社科基金艺术学项目立项，她对藏于俄罗斯的中国瓷器进行调查，重点研究通过瓷器映射出的中俄关系。通过研究，她认识到，俄罗斯皇家瓷厂从创立就深受中国影响。从彼得大帝开始就对中国瓷器一直向往，直到其女伊丽莎白时期实现瓷器生产。这期间派驻华传教团随团学生把瓷器配方探索作为其在华重点工作，为此他们做出了贡献，说明俄罗斯瓷器产生和发展与中国关系密切。此外，俄罗斯考古出土的中国文物也值得研究，其中曾出土金帐汗国统治时期的龙泉窑青花瓷器以及玻璃器等，这些考古资料证明元朝和金帐汗国通过"丝绸之路"在手工制造业以及贸易方面一直有往来。

　　中俄两国的宫廷藏品是一部"礼"尚往来史，折射出的是不同文明的相遇和碰撞。藏"礼"于器往往是中国人表达情意的一种方式，其功能是建立一种政治结构或关系，其作为一种物品的具体使用价值只是其次。通过研究发现，俄罗斯赠礼也擅长托物言志。例如，光绪皇帝面临内忧外患，俄皇赠送银义士像，暗指自己是"救世主"，寓意像拯救保加利亚一样救中国于危难。此外，由于俄驻华传教士、商队和使团来华频繁，俄廷对清朝帝后喜好十分了解，遴选礼物时往往投其所好。例如，宝石皇冠、留声机等礼品均出于慈禧喜好；赠送给李鸿章彼得大帝像，将其比喻成彼得大帝般非凡和具有开拓精神。无论托物言志还是投其所好，俄国的"礼"似更偏具象。

多丽梅将其研究成果整理成书，其目的通过两国皇宫旧藏发现，厘清脉络，再现历史原貌。在这个研究领域可以补充文献之不足，为研究清史、宫廷史以及中俄关系史提供实物参考。

朱诚如

2021 年 10 月 22 日

目 录

插图目录

插表目录

前　言

　　文物是历史的载体。中俄文物在中俄物质文化交流史中占有非常重要的地位，无论是清史还是罗曼诺夫王朝史中的历史、艺术、科学等都不同程度地与中俄文物发生直接或间接的联系。文物见证过去，利泽当今，从社会和文化视角判断和评价中俄文物，助力还原历史，同时文物作为优势国家资源，也能服务当今的社会和民生。

　　国立艾尔米塔什博物馆、克里姆林宫博物馆之于俄罗斯，曾是罗曼诺夫王朝的皇宫，如同故宫之于中国明清两朝。两国昔日皇宫如今都成为世界著名博物馆，现俄藏中国文物，从皇家武备到日常瓷器，从宫廷服饰到金银玉器，从宗教典籍到科技……以及由于中俄交流而产生的"中国风尚"文物。首先，这些文物是中俄两国建交、互派使臣、签订一系列条约等重大历史事件的见证；其次，有些文物作为外交礼品，在当时担负了宣扬两国民族文化和优势产业的强大使命；最后，通过中俄交流的文物可以看出两国国力和科技发展水平。它们不但是具有极高审美价值的艺术品，而且是蕴藏着可靠而丰富历史信息的史料。然而这些文物到今天仍大部分沉没于库房和文献典籍中，隐而不彰，悄无声息。

　　俄罗斯的一些博物馆早有中国文物展陈，并且有一批知名汉学家和俄罗斯学者做中国文物研究，取得了一些成果，但由于中国学者在该领域研究的缺席，有时会出现文化误读的情况。同时，令人遗憾的是，俄藏中国文物也为其他国家学者所忽视，他们走遍世界唯独绕过了地球最北部的俄罗斯，而它的精彩毫不逊色于其他任何国家。随着中俄关系升温，俄罗斯虽来华办过几次大展，却从未有中国文物展出，中国学界对俄藏中国文物的情况从数量、类别到来源等问题知之甚少。鉴于中俄关系处于历史上最好发展时期这一大背景下，这种情况的出现不合时宜。因此，研究中俄文物的任务紧迫，既有梳理中俄文化交流史的重要学术意义，又有促进中俄友好关系的重大现实意义。

因此，笔者除在故宫调查研究俄罗斯文物外，还于 2015～2019 年多次赴俄罗斯考察，调查俄藏中国文物。期间到访俄罗斯国立艾尔米塔什博物馆、圣彼得堡大学、俄罗斯东方文献研究所、皇村博物馆、东方博物馆、莫斯科大学、俄罗斯彼得大帝人类学民族学博物馆、察里津诺博物馆、克里姆林宫博物馆、俄罗斯国家博物馆以及雅库茨克历史博物馆等，与相关学者交流互动、查阅了大量文献，获取很多有关中国文物的有价值研究信息。本书是该研究的部分成果。

第一章　清代中俄宫廷物质文化交流研究概述

一　国内外研究现状

　　国内有关中俄物质文化交流研究成果，以及涉及物质文化方面的论著甚少。藏于中国的俄罗斯文化遗存由于少有人整理、研究，也甚少有人关注。而大量藏于俄罗斯的中国文物，即使俄学者早有大量论著问世，由于语言屏障，也鲜有人问津。清朝至今已覆灭百余年，但这些藏于博物馆的文物存在无时无刻不在提醒世人，历史上特别是有清一代中俄两国宫廷曾有过频繁的物质文化往来，并留下了辉煌灿烂的文化遗产。由于文化交流主体和交流渠道相对单一，俄国对中国文化的传播显然要多于中国对俄罗斯文化的输入，中国物质文化方面的遗存大量藏于俄罗斯，这些遗存不仅带去中国特点的艺术审美，更蕴藏着未被揭示的历史信息。国内外相关研究，物质文化方面主要集中在古籍文献、艺术品、茶叶、中国风尚、神学遗产等方面研究。分类如下。

　　首先，中俄政府官方互赠图书交流最早一次赠书发生在 1845 年，学界对这次赠书发表了相关论文。其中，羽离子《俄罗斯首次对清政府助书始末》，该文对俄赠书始末及书目分类做了梳理，并为查找这部分书的下落提供一些线索。张铁弦《记1845 年俄国所赠的科技图书》，对俄所赠的科技图书做了详尽介绍。其中《淘金新法发明》和《贴斐叶楞齐数书》两书据说为张铁弦收藏。肖玉秋撰文《俄国东正教驻北京传教士团与清代中俄图书交流》，探讨了俄国传教士团成员在俄国、中国典籍收藏以及在传教士团图书馆创建过程中的作用，并试图澄清有关道光年间中俄政府大规模互赠图书的历史真相。她在另外一篇文章《清道光年间中俄政府互赠图书考略》中对俄赠书的缘由、过程做了梳理，并挖掘其政治影响力。而程真、李滋媛的《国家图书馆所藏俄罗斯赠清政府图书》，根据诸多史料辨识所赠图书的历史沿革，列举国家图书馆所藏俄罗斯赠书书目。在以上学者研究基础上，多丽梅撰写了《中俄宫廷首次图书交流考》一文，对现存的俄罗斯赠书进行了补正，同时探讨这批赠书未被利用的原因，并以此视角观察清代中俄关系。而现藏于故宫博物院的《俄太子东游记》则是清代中俄交流的最后一次图书交流，见多丽梅的《清宫旧藏俄罗斯文物——俄太子东游记》一文。

俄藏中国艺术品所涵盖的范围很广，其中瓷器交流非常重要。由于俄罗斯瓷厂建立和中国有很大关系，笔者梳理了有关俄罗斯瓷器研究，包括著作：兰谢列《俄罗斯瓷器》（Лансере А. К. Русский фарфор. Искусство первого в России фарфорового завода. Л.：Художник РСФСР，1968.）；冯·沃尔夫男爵《1744～1904 年皇家瓷厂》（Императорский фарфоровый завод. СПб. Издательство барона Н. Б. фонъ – Вольфъ，1906.），主要叙述俄罗斯皇家瓷厂史；古德利亚夫采娃的论文《俄罗斯皇家瓷器》（Кудрявцева Т. В. Русский императорский фарфор. СПб.：Славия，2003.）；阿卡尔科娃、别特罗夫娜《1744～1994 年圣彼得堡罗曼诺索夫瓷厂》（Г. Агаркова，Н. Петрова《Ломоносовский фарфоровый завод. Санкт – Петербург. 1744 – 1994》）。通过综合研究，笔者在《文物天地》上发表了《俄罗斯皇家瓷器的中国元素》一文，探讨中国元素对俄罗斯瓷器的影响。同时，在俄罗斯，关注中国瓷器的俄罗斯学者较多，这和俄罗斯所藏瓷器数量庞大有关。其中，阿拉波娃教授《艾尔米塔什博物馆藏 14～18 世纪前期的中国瓷器》（1977，Арапова Т. Б. Китайский фарфор в собрании Эрмитажа. Конец XIV – первая треть XVIII века. Л.：Аврора，1977.）及《艾尔米塔什博物馆藏 18 世纪初至 19 世纪末的中国瓷器》（Арапова Т. Б. Китайский фарфор в собрании Эрмитажа. Конец XIV – первая треть XVIII века. М. Изд – во ＊Аврора＊ 1977г. 136 стр），述及中国瓷器早已进入了俄罗斯文化宝库，她梳理冬宫收藏的自 14 世纪末至 19 世纪末的中国瓷器藏品，揭示其发展的主要趋势，按时间顺序分类，并分析整个瓷器历史的发展变化；古兹曼卡在她的博士论文《中国 17～18 世纪瓷器风格研究》（Кузьменко. Лариса Ивановна，Китайский фарфор XVII – XVIII вв.，проблема стиля）中，结合国内外研究成果，在博物馆东方艺术部所藏明清瓷器和文献基础上，对收藏结构做了分类、分期，对瓷器在不同时期的纹饰特点做了分析，并且还关注鉴别真品和赝品的方法；科列切多娃和维斯特法列的论文《中国瓷器》（Кречетова М. Н. ，Вестфален Э. Х. Китайский фарфор. JL：Государственный Эрмитаж，1947. ）对艾尔米塔什博物馆藏的中国明清瓷器进行了梳理；科切多娃《瓷和纸艺术在中国——简明历史素描》（Кочетова С. М. Фарфор и бумага в искусстве Китая. Краткий исторический очерк. М. ，JI. : Издательство Академии Наук СССР，1956. ）。

除了瓷器，其他艺术品俄学者也阿拉波娃还撰写了《中国画珐琅——冬宫藏品》（Арапова Т. Б. Китайские расписные эмали. Собрание Государственного Эрмитажа. − М. : Искусство，1988. ），主要是艾尔米塔什博物馆藏的铜胎画珐琅器，一部分来自沙皇皇宫，一部分是来自国际拍卖会。根据其风格作者判定，铜胎画珐琅有广州制作和北京造办处制作。上面纹饰精美，既有中国风格的山水、人物、故事，又有西洋风格的风景、人物，很多西洋纹饰应该是根据其要求订制。做工精巧，是专供皇室使用的实用器和陈设器。

孟什科娃的论文《彼得大帝时期的中国缂丝收藏》（Меньшикова М. Л. К истории китайских шелковых шпалер《кэсы》из коллекции Петра I // Эрмитажные чтения памяти Б. Б. Пиотровского. 1998. С. 64 − 66. ）、《18 世纪初彼得堡几件中国珍品》（МеньшиковаМ. Л. Несколько китайских раритетов из коллекций Петербурга начала 18 в. // Эрмитажные чтенияпамяти В. Г. Луконина. 1995 − 1999. СПб. : ГЭ，2000. С. 145 − 159. ）、《布留斯和他的中国藏品》（Меньшикова М. Л. Я. В. Брюсиего китайские кол лекции // Петровское времилищах СПб : ГЭ，2000 С. 34 − 40. ）、《中国出口扇子》（М. Л. Меньшикова Китайские экспортные веера. СПб. : Государственный Эрмитаж，2004. − 30 с. ）等。阿拉波娃的《在俄国藏 17 ~ 18 世纪前期的中国艺术品》（АраповаТ. Б. Китайские изделия художественного ремесла в русском интерьере XVII — первой четверти XVIII в. ）、格鲁哈列娃《中国造型艺术》（Глухарева О. Н. Изобр азительно еискусство Китая. М. : Государственное издательство изобразительного искусства，1956. ）、维纳格拉多娃《中世纪的中国——北京作为艺术整体》（Виноградова Н. А. Средневековый Китай. Пекин как художественное целое. // Художественные модели мироздания. − М. : НИИРАХ，1997. S. N）。由于皇村有很

多中国文物，不少研究都提及，其中维里奇科夫斯基《皇村》（Вильчковский С. Н. Царское Село. СПб.：Издание товарищества Р. Голике и А. Вильборгъ，1911.）、布纳佳尼和拉夫罗夫《皇村——这里曾经生活沙皇和诗人们》（Бунатян Г. Г.，Лавров В. Н. Царское Село.《Здесь жили цари и поэты...》. СПб.：Паритет，2010. – 416с.，ил.）、伯努瓦《女皇伊丽莎白·别特罗夫娜统治时期的皇村》（А. Н. Бенуа. Царское Село вцарствование императрицы Елисаветы Петровны. СПб.：Издание товарищества Р. Голике и А. Вильборгъ，1910. – 300 с.）等；家具研究也有涉及，卡聂娃《过去的中国家具》（Канева М. И. Мебель Китая. Взгляд в прошлое. // Мирмебели. 1999. №4. – С. 37 – 39.）、别洛捷拉娃《传统中国家具》（Белозерова В. Г. Традиционная китайская мебель. М.：Наука，1980. – 142 с.）；建筑方面有兹古拉《中国建筑和在西欧的表现形式》（В. В. Згура Китайская архитектура и ее отражение в Западной Европе. М.：Ранион，1929. – 45 с. г）、А. 伯努瓦《俄罗斯奥拉宁鲍姆的中国宫殿》（БенуаА. Китайский дворец в Ораниен бауме. // Художественные сокровища России. 1901. №10. – С. 14 – 24.）等。

中俄交流过程中，钟表起了很重要的纽带作用。有关俄罗斯钟表研究的论文甚少，故宫博物院郭福祥研究员对此关注颇多。他的《十年来宫廷钟表史研究述评》，对十年来学界有关中国钟表史和宫廷钟表收藏史的研究成果分类做简要介绍和评述。并对近十年来的中国钟表史和宫廷钟表史研究的学术特色和需要注意的问题进行了讨论。而在《清代中俄交往的见证——钟表》一文中，详尽阐述了钟表在清代中外关系中扮演的重要角色。通过零散的史料，对清代中俄交往中的钟表进行考察，梳理了俄罗斯来华使节所携钟表情况，对认识俄罗斯钟表甚至欧洲钟表具有启示作用。

万里茶道作为连接中国和欧洲的主要跨欧亚交流通道，形成于 17 世纪。虽然这条商道已经淡出历史舞台，但万里茶道沿线的相关物质遗迹和非物质文化遗存并没有消失。最初研究中俄茶叶贸易的多来自俄罗斯的汉学家，1775 年，列昂季耶夫翻译了中文版的《茶叶与丝绸》一书。1850 ~ 1851 年，巴拉第从北京寄回俄国的信中描述了中俄边境茶叶贸易的情况。而斯卡奇科夫则首次将陆羽的《茶经》翻译成俄文。1857 年，著名经济学家科尔萨科出版了《俄中贸易关系历史数据》一书，对茶叶产地和运输路线以及茶叶分类等都进行了详细分析描述。从 20 世纪 90 年代开始，在万里茶道沿线城市出现一批专家学者，形成具有学术价值的研究成果。2018 年，刘再起教授利用中俄文史料出版了《湖北与中俄万里茶道》专著，为多视角认识湖北省与万里茶道提供了参考。

俄罗斯传教团驻华二百余年，早有学者关注俄罗斯传教团的神学遗产，蔡鸿生教授的《俄罗斯馆纪事》，是对俄罗斯馆的全面研究。通过大量的史料文献，揭开俄罗斯馆的起源和发展演变，其中有述及神学遗产内容；郭文深《俄国东正教驻北京传教士团医生考略》，通过随团医生及他们来华的原因，由点及面透视俄国东正教驻北京传教士团在中俄物质文化交流史上所起的作用及深远影响；程真、李滋媛的《国图藏俄国东正教北京教士团文献考略》，提到研究北京教士团历史的重要文献国内已所存寥寥，国家图书馆目前所藏相关文献是相关研究的珍贵资料；杨谦的《清代的中央接待馆舍研究》，以中央接待馆舍作为载体，包括俄罗斯馆，透视在朝贡体系下的清朝对边疆少数民族地区的管理体制，同时对朝贡体制下的清朝的外交有更全面的认识。庞勇的《俄罗斯传统圣像画的装饰特征性剖析》一文是对俄罗斯圣像画的概述，分别从色彩、构图、透视几个方面进行分析、归纳了俄罗斯圣像画的装饰特征。此外，俄学者阿多拉茨基《东正教驻北京传教士团的早期活动》，梳理和分析传教士的在华主要活动；S. G 安德烈耶娃《北京传教团在俄中关系的作用》（Андреева Светлана Геннадиевна. Пекинская духовная миссия в контексте российско – китайских отношений，1715 – 1917 гг.：Дис. канд. ист. наук：07. 00. 15 Москва，2001）对传教团在俄中关系的作用进行较全面研究等。

18 世纪"中国风尚"源于法国，同样风行于俄罗斯，有些学者已经关注到这股热潮，吴奕芳撰写的《俄罗斯艺术里的中国风尚——18 世纪中国艺术对俄罗斯文化的影响》，从装饰、建筑、艺术品几个方面来论述在俄罗斯出现的"中国风"；阎国栋《18 世纪俄国的"中国风"探源》一文对"中国风"的来源做了详尽探讨，即来自欧洲、中俄贸易、俄宫廷和汉学等方面对俄罗斯社会的影响，阎教授认为这股风转瞬即逝，对物质文化遗存也有述及；宿丰林《十八世纪俄国的"中国风"》，文中提到俄宫廷的"中国风"，还提到藏于艾尔米塔什博物馆的彼得大帝药瓶和"中国袍"，以及其他反映在瓷器、建筑等方面的"中国风"；近年学界研究中国风尚并述及物质文化还有俄罗斯学者白若思（Rostislav Berezkin），他的《17 ~ 18 世纪中国艺术在俄国与俄国中国风的特点》是近年研究的成果，该文用中文写就，发表在论文集《感同身受——中西文化交流背景下的感官与感觉》，其研究方法是把之前甚少提及的物质文化和历史文献结合起来，以图文并茂的形式较完整呈现17～18世纪俄国的"中国风"特点。

其他涉及中俄物质文化的如李明滨教授《中国文化在俄罗斯传播三百年——俄国对中国古代文物的收藏与研究》，对彼得堡的收藏做了梳理，述及敦煌文物、年画、古籍等；赖惠敏教授对中俄织绣品、毛皮做了深入研究，成果有《十九世纪恰克图贸易的俄罗斯纺织品》和《十九世纪中外毛皮贸易与北京消费》等论文；德龄著、顾秋心译《清宫二年记》提及俄国公使夫人渤兰康进宫见慈禧，并呈上沙皇全家的相片，这和故宫博物院所藏《尼古拉二世全家照》完全吻合。故宫博物院学者林京就此写过《尼古拉二世全家照》一文；中俄交流中，"国书"在双方交往中起着最重要的作用，故宫博物院研究员王和平的《清前期中俄外交文书浅析》和《从中俄外交文书看清前期中俄关系》等文章，述及国书的用纸、格式、装帧。而俄罗斯学者庞晓梅运用满文文献对藏于俄罗斯东方文献研究所的"大清国书"做了系统研究，发表多篇论文。

总之，从研究现状来看，对中俄物质文化交流文物的关注度非常不够。在数量和种类上，俄罗斯藏的中国文物要远远多于中国所藏俄罗斯文物。而对俄藏的中国文物除了敦煌文献之外，其他研究在国内鲜见论著和相关论文。尤其是藏于俄罗斯博物馆的大量瓷器、玉器、漆器、青铜器、织绣品、家具等文物，甚至一些国宝级的文物，一直未引起足够重视。从国外研究来看，俄学者发表的论著基本用俄文写就，或者少量英文论文，与中国文博同仁交流非常有限。同时，由于对中国文物研究领域不熟悉或不能使用中文文献，俄学者研究有些仍停留在"知其然，不知其所以然"的层面。随着中俄交流的频繁，我们迫切需要挖掘两国交往的文化遗存，重视研究这些文物对再现三百余年的物质文化交流有重要学术意义。

二　中俄文物分布概况

中俄交往三百余年，中俄两国曾经的皇宫（现在的博物馆）都藏有对方文物。其中俄罗斯藏中国文物数量较多的博物馆有：国立艾尔米塔什博物馆、皇村博物馆、俄罗斯国家东方博物馆、俄罗斯纪念彼得大帝人类学民族学博物馆、克里姆林宫博物馆、恰克图博物馆以及哈萨克斯坦等国家的博物馆等等。由于俄罗斯藏的中国文物数量种类众多，分布分散，加之有些藏品未公布也未做研究，我们无法完全统计出中国文物的具体数字。本文仅以艾尔米塔什博物馆馆藏为例，其中国藏品年代范围可从公元前2000年到公元20世纪，彼得大帝之前就入藏皇宫，彼得大帝时期通过外交、通商和贸易等渠道，中国物品开始大量进入俄宫廷。统计如下（表1.1）。

表 1.1

博物馆名称	文物类别	藏品数量	藏品年代
俄罗斯国立艾尔米塔什博物馆	陶瓷器	约5000件	元明清为主
	玉石器	约1000件	新石器时代至明清
	青铜器	约400件	商周至明清
	漆器	约200件	明清
	掐丝珐琅	267件	明清
	画珐琅	约200件	明清
	金银器	约450件	明清
	家具（木雕）	未公布具体数字	明清
	丝织品	未公布具体数字	明清
	书画	约600件	宋元明清
	黑水城文献文物	8000件以上	宋夏金元
	敦煌文献	2万件以上	汉宋
	年画	3000件以上	明清

在中国，俄罗斯文物主要藏于故宫博物院，根据1925年的《故宫物品点查报告》，俄罗斯文物的分布情况如下（表1.2）。

表 1.2

序号	出处	编号和藏品名称
1	库书/库书档（卷七）	俄罗斯一本 第二函卷五百五十五至卷五百六十
2	清史馆/清史馆库书档（卷七卷八）	俄罗斯一本 第二函卷五百五十五至卷五百六十

续表 1.2

序号	出处	编号和藏品名称
3	养心殿/故宫物品点查报告·第三编·第四册养心殿部分	一三三四俄国毛毡一床
4	体顺堂/故宫物品点查报告·第三编·第四册体顺堂部分	二二四四抄本俄皇家庭末日记一本
5	体顺堂/故宫物品点查报告·第三编·第四册体顺堂部分	二六二八俄太子东游记一册
6	永寿宫/故宫物品点查报告·第三编·第五册永寿宫部分	永寿宫二号数品名件数内有俄币二枚蜜蜡盒一个内有旧玉环一个
7	永寿宫/故宫物品点查报告·第三编·第五册永寿宫部分	永寿宫三六号数品名件数黄册折纸一小黄布包照译俄国国书一份带黄金套夹两个黄缎袱一个

除了点查报告中的俄罗斯文物，还有部分清宫旧藏或后来捐赠的俄罗斯文物。统计如下（表 1.3）。

表 1.3

序号	文物名称	类别	级别	时代	来源
1	俄国银贴花双耳三足双头鹰盖炉	银器	未定级	清	旧藏
2	俄国铜蒸汽炉	铜器	未定级	清	旧藏
3	俄国铜蒸汽炉	铜器	未定级	清	旧藏
4	俄国铜蒸汽炉	铜器	未定级	清	旧藏
5	俄国铜蒸汽炉	铜器	未定级	清	旧藏
6	俄国银刻花双耳六足椭圆盘	银器	未定级	清	旧藏
7	俄国银义士像	银器	未定级	清	旧藏
8	俄国铜嵌珐琅双头鹰盘	铜器	未定级	清	旧藏
9	俄国铜嵌珐琅双头鹰盘	铜器	未定级	清	旧藏
10	俄国绿玻璃扁瓶	玻璃器	未定级	近现代	旧藏
11	俄国白玻璃蝴蝶盖香水瓶	玻璃器	未定级	近现代	旧藏
12	俄国 10 卢布金币	金器	未定级	其他	旧藏
13	俄国 7.5 卢布金币	金器	未定级	其他	旧藏
14	俄国 5 卢布金币	金器	未定级	其他	旧藏
15	俄国 1 卢布银币	银器	未定级	其他	旧藏

序号	文物名称	类别	级别	时代	来源
16	俄国 0.5 卢布银币	银器	未定级	其他	旧藏
17	俄国 20 戈比银币	银器	未定级	其他	旧藏
18	俄国 10 戈比银币	银器	未定级	其他	旧藏
19	俄国 15 戈比银币	银器	未定级	其他	旧藏
20	俄国 5 戈比银币	银器	未定级	其他	旧藏
21	俄国 10 卢布金币	金器	未定级	其他	旧藏
22	俄国 7 卢布金币	金器	未定级	其他	旧藏
23	俄国 5 卢布金币	金器	未定级	其他	旧藏
24	俄国 1 卢布银币	银器	未定级	其他	旧藏
25	俄国 0.5 卢布银币	银器	未定级	其他	旧藏
26	俄国 15 戈比银币	银器	未定级	其他	旧藏
27	俄国 20 戈比银币	银器	未定级	其他	旧藏
28	俄国 10 戈比银币	银器	未定级	其他	旧藏
29	俄国 3 戈比铜币	铜器	未定级	其他	旧藏
30	俄国 1 戈比铜币	铜器	未定级	其他	旧藏
31	俄罗斯壹角银币	银器	未定级	其他	旧藏
32	俄罗斯贰角银币	银器	未定级	其他	旧藏
33	俄罗斯伍角银币	铜器	未定级	其他	旧藏
34	俄罗斯壹圆银币	银器	未定级	其他	旧藏
35	俄国大铜币	铜器	未定级	其他	旧藏
36	俄国戈比红铜币	铜器	未定级	其他	旧藏
37	俄国戈比红铜币	铜器	未定级	其他	旧藏
38	俄国戈比红铜币	铜器	未定级	其他	旧藏
39	俄国戈比红铜币	铜器	未定级	其他	旧藏
40	俄国戈比红铜币	铜器	未定级	其他	旧藏
41	俄国戈比红铜币	铜器	未定级	其他	旧藏
42	俄国戈比红铜币	铜器	未定级	其他	旧藏
43	俄国戈比红铜币	铜器	未定级	其他	旧藏
44	俄国戈比红铜币	铜器	未定级	其他	旧藏

序号	文物名称	类别	级别	时代	来源
45	俄国戈比红铜币	铜器	未定级	其他	旧藏
46	俄国20银币	银器	未定级	其他	旧藏
47	俄罗斯银质国徽币	银器	未定级	其他	捐献自徐世英
48	俄罗斯金币	金器	未定级	其他	捐献自徐世英
49	俄罗斯银质侧面老人币	铜器	未定级	其他	捐献自徐世英
50	俄罗斯银质国徽币	银器	未定级	其他	捐献自徐世英
51	俄罗斯银质国徽币	银器	未定级	其他	捐献自徐世英
52	俄罗斯银质国徽币	银器	未定级	其他	捐献自徐世英
53	俄罗斯铜质侧面男像币	铜器	未定级	其他	捐献自徐世英
54	俄罗斯铜质国徽币	铜器	未定级	其他	捐献自徐世英
55	俄罗斯铜质币	铜器	未定级	其他	捐献自徐世英
56	俄罗斯铜质国徽币	铜器	未定级	其他	捐献自徐世英
57	俄罗斯铜质俄文币	铜器	未定级	其他	捐献自徐世英
58	苏联铜质俄文币	铜器	未定级	其他	捐献自徐世英
59	俄罗斯铜质国徽币	铜器	未定级	其他	捐献自徐世英
60	俄罗斯铜币	铜器	未定级	其他	捐献自徐世英
61	俄罗斯银质侧面老人币	银器	未定级	其他	捐献自徐世英
62	俄罗斯银质双头鹰币	银器	未定级	其他	捐献自徐世英
63	俄罗斯银质国徽币	银器	未定级	其他	捐献自徐世英
64	俄罗斯银质侧面老人像币	银器	未定级	其他	捐献自徐世英
65	俄罗斯银质侧面老人像币	银器	未定级	其他	捐献自徐世英
66	俄罗斯银质国徽币	银器	未定级	其他	捐献自徐世英
67	印本帝俄贵妇像	印本	未定级	其他	调拨自文物局
68	印本俄京风物图	印本	未定级	其他	调拨自文物局
69	印本俄京风物图	印本	未定级	其他	调拨自文物局

以上是故宫现藏俄罗斯文物概况，但还有些俄罗斯文物混于其他外国文物中尚没有辨识，所以数字不限于此。统计出的文物种类包括金银器、铜器、玻璃器、古籍、印本等。经调查，《故宫物品点查报告》中的"二六二八俄太子东游记一册"现藏于故宫博物院图书馆，"国书"藏于台北故宫博物院，其他书籍仍在探索中。

三　中俄文物来源

自彼得大帝至尼古拉二世时期，俄罗斯多次派使团、商队、传教士来华，相较于中国赴俄使团，俄国具有来华次数频繁、商队人数多、传教士驻华时间长等特点。俄国来华使团在和清政府建交之初，交往并不顺利，特别是礼仪之争持续了一百多年。但俄国答应屈辱条件最终换取了驻华传教团的特权，这是欧洲国家当时无法企及的。下文仅对 1860 年前使团礼品往来情况做梳理。

1. 1654～1658 年，巴伊科夫使团来华，因礼仪之争未能觐见清朝皇帝，未能递交国书、礼品[①]。

2. 1658～1662 年，阿勃林使团（布哈拉人）来华，用 200 卢布给博格德汗购买了下列礼物：貂皮 40 张、玄狐皮 13 张、上等呢料 4 幅以及银鼠皮祆和镜子多件。博格德汗让他们带给大君主的礼物有：绸缎 25 幅、海狸皮 3 张、丝绒 3 幅、海貂皮 3 张和茶叶 10 普特。信使在北京把上述礼物中一部分绸缎和全部茶叶卖掉，并用这些钱购买了 352 颗蓝宝石和红宝石及其他物品[②]。

3. 1668～1672 年，阿勃林使团来华，送给皇帝货物和毛皮，价值 380 卢布二十阿尔腾[③]。并受到康熙接见，当面赐宴，允许使团自由贸易。康熙回赠了礼品：中国一位大臣在那里把白银、绸缎、海狸皮、雪豹皮等礼品赠给大君主。赠送给阿勃林 60 两白银，3 块花缎和 27 块蓝色棉布；赠送伊万·塔鲁京 40 两白银，3 块花缎和 17 块棉布；送给军役人员、宣誓公务员和鞑靼军役人员共 30 人以及厨师 16 人 1 块花缎和 8 块棉布。中国皇帝回赠和其他各种货物，价值 1127 两[④]。

4. 1670 年，米洛瓦诺夫使团：无礼品，有国书。清政府赏给使团成员每人一顶帽子、一幅缎料、一根腰带、多幅花绸和大红布。另赠送阿尔申斯基帽子一顶、大褂一件、花缎长袍一件、带腰刀的丝带一条、花缎六幅、丝绒两幅、素缎两幅、马

① 苏联科学院远东研究所等编：《十七世纪俄中关系》第一卷，第 74 号文件，商务印书馆，1978 年。

② ［俄］尼古拉·班蒂什－卡缅斯基编著，中国人民大学俄语教研室译：《俄中两国外交文献汇编（1619～1792）》，商务印书馆，1982 年，第 28 页。

③ 苏联科学院远东研究所等编：《十七世纪俄中关系》第一卷第二册，商务印书馆，1978 年，第 437 页。

④ 苏联科学院远东研究所等编：《十七世纪俄中关系》第一卷第二册，商务印书馆，1978 年，第 433 页。

鞍及笼头各一个①。

5. 1675～1677 年来华的斯帕法里使团：（1）赠给中国皇帝的貂皮、黑狐皮、呢绒、珊瑚串珠、镜子、钟表以及琥珀等，总共价值 800 卢布；（2）价值 100 卢布的各种货物以备赠给斯帕法里旅途中必经之地的蒙古各台吉；（3）拨给斯帕法里 1000卢布的貂皮，用以购买中国货物；价值 500 卢布的毛皮以备必须纳税时作为税金之用；此外，还拨给价值 200 卢布的貂皮和十普特的烟草，以备分赠中国各衙门之用。（4）在托博尔斯克又领取了价值 100 卢布的 6 只隼和银鼠皮，供赠给博格德汗之用②。有国书。清政府回赠礼品：带整套辔镫的中国式马鞍一具；带洗脸盆的重 80两的银质水罐一只；各色绸缎和丝绒共 30 幅；北欧海豹皮 5 张；海狸皮 5 张；雪豹皮 5 张和茶叶 4 筐；赠给使臣全体随员的有衣服和花缎；单独赠给使臣的有一匹配有全副中国鞍辔的小驽马、重 80 两的带洗脸盆的水罐一只，还有各种料子、皮革、海狸皮、雪豹皮和两筐茶叶。给使臣画了两张像；斯帕法里用 1600 两白银（约等于2672 卢布）为皇库购买了一颗体积非常大的红宝石③。另据文献：赠沙皇 1 个重 120两的洗脸盆、8 块锦缎、1 块缎子、1 块天鹅绒、2 个马鞍、17 张海豹皮、14 张海狸皮、8 筐茶叶。赠给使臣 2 匹马，3 两白银④。

6. 1685～1687 年，维纽科夫、法沃罗夫专使，赠给清朝皇帝：银座钟 1 对，法国银表 1 只，德国小表 1 对，土耳其小表 1 只，海象牙 9 只，精致玻璃眼镜 6 副，珊瑚串珠 130 颗，带框的德国镜子 1 面，德式饰金帽子两顶，单筒望远镜 2 个，法国精制玻璃望远镜 2 幅，土耳其地毯 1 块⑤。有国书。回赠礼品（未见）。

7. 1692～1695 年，伊台斯使团送给博格德汗的礼品有：精制玻璃枝形大吊灯

① ［俄］尼古拉·班蒂什－卡缅斯基编著，中国人民大学俄语教研室译：《俄中两国外交文献汇编（1619～1792）》，商务印书馆，1982 年，第 35 页。

② ［俄］尼古拉·班蒂什－卡缅斯基编著，中国人民大学俄语教研室译：《俄中两国外交文献汇编（1619～1792）》，第 40 页。

③ 同上。

④ ［俄］特普谢维奇著，徐东辉、谭萍译，陈开科审校：《十九世纪前的俄中外交及贸易关系》，清史编纂委员会·编译丛刊，岳麓书社，2010 年，第 24 页。

⑤ ［俄］特普谢维奇著，徐东辉、谭萍译，陈开科审校：《十九世纪前的俄中外交及贸易关系》，第 26页；［俄］尼古拉·班蒂什－卡缅斯基编著，中国人民大学俄语教研室译：《俄中两国外交文献汇编（1619～1792）》，第 67 页。

盏，琥珀大烛台 1 对，琥珀瓶 1 只，琥珀框镜子 1 面。送给领侍卫内大臣索额图礼品：乌木框大镜子 1 面，小镜子 1 面，镀金框圆镜 1 面，小时钟 2 座，染成金色的皮革 20 张，各种铜器，精制玻璃高脚杯 6 只，盒装大瓶香水 1 件，英国花狗 3 只，训练有素的黑色猎犬 1 只，荷兰麻布 1 匹，花边手帕 4 条，还有一些西伯利亚货物：貂皮、黑狐皮、银鼠皮和海象牙①。有国书。回赠礼品：备有全副中国鞍辔的马 1 匹，貂皮镶边、带有红缨的缎帽 1 顶，丝袍 1 件，带佩刀的涤丝腰带 1 条，丝围巾 2 条，靴及长筒花缎袜各 1 双，中国缎子衣料 1 幅，棉布 30 匹。同样也赐给书吏谢苗·波列茨基及使臣的全体随员帽子、袍子、腰带、佩刀、丝围巾、靴子、长筒袜子及每人棉布 16 匹②。

8. 1719～1721 年，伊兹玛伊洛夫使团赠给博格德汗的礼物：镶着雕花镀金镜框的大镜 1 面，台镜 1 面（镜框是雕花镀金的，台子也是雕花镀金的并带有两只烛台），镶着水晶镜框的长方形镜子多面，英国自鸣钟 1 座，镶宝石怀表 1 对，罗盘 1 只，数学制图仪器 4 套，大君主用的绘有波尔塔瓦战役图的望远镜 4 架，显微镜 1 架，晴雨计 2 只，还有毛皮、黑貂皮、狐皮、北极狐皮、银鼠皮多件，共值 5001 卢布又 83 戈比。使臣送给博格德汗的礼物：金质怀表 1 只、镶有珐琅的金质烟盒 1 个、英国金盒 1 个、法国银剑 1 柄、银质有柄大杯 1 只、狗 24 只（俄国狼狗 12 只和法国猎犬 12 只）及丹麦马 1 匹③。有国书。回赠礼品：赐给使臣一件康熙皇帝自己的貂皮袄和一件貂皮里子皮袄和帽子。博格德汗赠送大君主、使臣本人及其随员的礼品有："三十粒东方珍珠、几只镶有珐琅的金碗、小盒、花盆、各式日本器皿、锦缎、绸缎等等。"④ 还有赠送给沙皇的平花富丽壁毯正在宫内制作，做好之后由为此事留在北京的龙骑兵送到。另据文献，赠给伊兹玛伊洛夫：名马 1 匹及全副中国鞍辔；3 匹缎

① ［荷］伊兹勃兰特·伊台斯、［德］亚当·勃兰德著，北京师范学院俄语翻译组译：《俄国使团使华笔记》，商务印书馆，1980 年。

② ［俄］尼古拉·班蒂什 - 卡缅斯基编著，中国人民大学俄语教研室译：《俄中两国外交文献汇编（1619～1792）》，商务印书馆，1982 年，第 93 页。

③ ［俄］尼古拉·班蒂什 - 卡缅斯基编著，中国人民大学俄语教研室译：《俄中两国外交文献汇编（1619～1792）》，第 115～116 页。

④ ［俄］尼古拉·班蒂什 - 卡缅斯基编著，中国人民大学俄语教研室译：《俄中两国外交文献汇编（1619～1792）》，第 119 页。

子，2 段南京棉布，1 件镶锦绣的羊皮外套，1 对中国靴子；给两个秘书、贵族、医生、评价员的礼物大致相同。此外，还送 90 匹马、90 匹骆驼、72 件缎料给伊兹玛伊洛夫；17 件给朗克，10 件给泽谢金亲王，5 件给格拉儒诺甫和贵族巴甫洛夫①。给沙皇：珐琅器皿、日本漆器、瓷器或水晶器、丝绸。使团的一个随从人员翁弗尔察格特专门负责照管毡毯，伊兹玛伊洛夫说，毡毯必须定制，价值库银 30000 两，可是康熙不愿收。1725 年 8 月 3～14 日的报告。1721 年 5 月 19～30 日，这些毡毯被带回伊尔库茨克②。

9. 1725～1728 年，萨瓦使团肩负着贸易、划界、传教团等重要使命来华，与此前的使团相比，礼品异常丰厚，这是 18 世纪俄国最为豪华的来华使团。它带来了叶卡捷琳娜一世女皇政府精心准备的礼品，共计 10000 卢布："报时金表一只，饰有名贵钻石、金刚石及珐琅镶嵌女皇肖像，带金链，纯英国工艺，1600 卢布；英国造餐厅用时钟一座，精工细作，镶嵌俄国先皇帝彼得大帝肖像，可报时刻，有 12 个不同的音乐装置，水晶玻璃外壳，水晶柱和水晶球，饰有小圆柱和镀金铜雕花纹，600 卢布；带摆的挂钟一架，自鸣钟，法国精工制造，饰有镀金铜人雕像，外壳为镀金铜质，雕有花草，平衡器在内部，可见其走动，以水晶玻璃为罩，400 卢布；最大号镜子两面，其整块玻璃为欧洲制造，镜框涂黑漆，周围饰有华丽的人物肖像，雕刻于水晶玻璃上，并饰有白色贝壳和镀金大花朵，800 卢布；两面稍小号镜子，镀金雕花框，饰有水晶玻璃，600 卢布；再小号镜子两面，同样做工，镜框饰有雕刻着各种人物图像的水晶玻璃饰品，300 卢布；咖啡底色最豪华金花缎 20 俄尺，300 卢布；玳瑁手杖一支，内置望远镜，镀金镶铜，50 卢布；5 捆（共 200 张）上等貂皮，此前中国从未见过此等品质，因为是由数千张貂皮中选出，4210 卢布；7 张上等黑狐皮，535 卢布；包裹和覆盖礼品的绿色塔夫绸、罗纱等物，5 卢布"③。"礼品中的时钟、挂钟、玻璃镜子等，都是当时先进工艺，足见俄国政府对解决贸易问题之迫切。"④

---

① ［法］加斯东·加恩著，江载华、郑永泰译：《彼得大帝时期的俄中关系史》，商务印书馆，1980 年，第 171 页。

② ［法］加斯东·加恩著，江载华、郑永泰译：《彼得大帝时期的俄中关系史》，商务印书馆，1980 年，第 171 页。

③ Русско - китайские отношения в XVIII веке. Материалы и документы. Т. 2. 1725 - 1727. М.，1990，№196，c. 417 - 418.

④ 叶柏川：《俄国来华使团研究（1618～1807）》，社会科学文献出版社，2010 年，第 146～147 页。

雍正皇帝回赠给俄国女皇礼品：10 匹宽幅金花织锦缎，其中深蓝泛红锦缎 3 匹，绿色锦缎 3 批，橘黄锦缎 2 匹，红色锦缎 2 匹；20 匹各色金花锦缎，其中绿色 8 匹，黄色 4 匹，橘黄色 4 匹，妆红 1 匹，大红 1 匹，深蓝泛红锦缎 2 匹；素面金线织锦缎 3 幅，金地金线大花织锦缎 2 幅，白地金线大花织锦缎 2 幅，绿地金线大花织锦缎 1 幅，深蓝泛红地金线大花织锦缎 1 幅，橘黄织锦缎 1 幅；金线蝴蝶花织锦缎 10 块，其中天蓝 3 块，大红 1 块，湖蓝 1 块，橄榄色 1 块，柠檬色 2 块，黄色 1 块，绿色 1 块；淡黄色金字织锦缎 10 块，其中柠檬色 1 块，樱桃色 1 块，天蓝 1 块，石竹花色 3 块，深蓝泛红色 2 块，深樱桃色 2 块；深蓝泛红地金红色大花织锦缎 10 块；大花织锦缎 19 块，其中红色 2 块，天蓝 2 块，矢车菊色 1 块，柠檬色 2 块，土黄色 2 块，石竹花色 3 块，深红 1 块，天蓝 1 块，淡褐 1 块，柠檬黄 1 块，绿色 1 块，神石竹花色 1 块，深樱桃色 1 块。器皿有：嵌银方形漆盒 2 只，涂日本漆；风信旗形日本漆盒 2 只；日本黑漆盖碗 1 对；日本黑漆盖碗 10 只；日本漆小蝶 4 只；日本漆茶壶 1 只；日本漆玫瑰花匣 1 只；日本漆妆匣 2 只；五彩白瓷盖碗 8 只；五彩白瓷碗 18 只；青龙白瓷盖碗 8 只；红龙白瓷盖碗 8 只；彩绘白瓷盖碗 8 只；彩绘白瓷小茶杯 8 只；彩绘红瓷小茶杯 8 只；彩绘红茶盘 8 只；又彩绘红茶盘 8 只；较大号青瓷茶盘 8 只；花瓷盘一对[①]。

10. 1727～1730 年，郎喀和莫洛科夫第一批商队，赠送大学士马齐价值 1000 卢布的貂皮；赠送耶稣会教士巴勒零（巴多明神甫）价值 100 卢布的貂皮。没有国书，但觐见博格德汗。

11. 1732 年，郎喀和莫洛科夫第二批商队，无国书。博格德汗赏给郎喀 6 匹绸缎。

12. 1735～1737 年，郎喀和菲尔索夫（第三批商队）：赠送博格德汗的礼物，玄狐皮 7 张，棕色狐皮和灰白色狐皮各 20 张（按托博尔斯克价格计算共值 693 卢布），颈腹部呈深灰色的红狐皮 100 张，上等雅库特黑貂皮 5 捆，价值 2889 卢布的金、银色锦缎和各种颜色的花缎[②]。无国书，但受到乾隆皇帝接见。赠送 110 匹锦缎、中国

① Русско – китайские отношения в XVIII веке. Материалы и документы. Т. 2. 1725 – 1727. М.，1990，№196，с. 417 –418. с. 450 –451.

② ［俄］尼古拉·班蒂什－卡缅斯基编著，中国人民大学俄语教研室译：《俄中两国外交文献汇编（1619～1792）》，商务印书馆，1982 年，第 249 页。

缎子和花色繁多、质地精良的其他料子，还有一些极其平常的粗糙瓷器①。1734 年，彼得罗夫大尉（信使），无国书。理藩院以博格德汗的名义赏给：100 两银子、5 幅缎料、24 匹棉布。随员也赠送了礼物②。

13. 1804～1807 年，失败的戈洛夫金使团，俄政府花费巨资置办了价值 152248 卢布的礼品。礼品有：玻璃制品，计有镜子、桌子、花瓶、灯、长颈玻璃瓶、盘子、酒杯、水杯等，价值 50000 卢布；毛皮，计有貂皮、狐皮、白鼬皮、海狸皮、北极狐皮，据宫内厅估价为 52612 卢布，市场价为 85475 卢布；锦缎、丝绒和天鹅绒 795 俄尺，价值 7833 卢布；从铸币局领取俄罗斯银质纪念章一套，价值 3000 卢布；镶嵌青铜的红木纪念章一盒，价值 1000 卢布；数学工具若干，价值 4940 卢布。其中纺织品由皇家私库拨放，玻璃制品从皇家工厂订制③。

以上是 17 至 19 世纪俄国来华礼尚往来概况。比较可以看出，俄国来华使团、商队带来的礼品从最初 17 世纪的 200 卢布礼品到 19 世纪的 15 万卢布，从简单毛皮到西洋奇巧，逐渐增加代表国力的国产玻璃制品、仪器和豪华丝织品，原因是对中国兴趣不断增加，试图用礼品外交打开中俄贸易之门。清政府对来华使团、信使、专使和商队进行接见后，总会赏赐数倍于对方的礼品。19 世纪以后中俄关系成为世界体系中的一部分，随着俄国对中国了解的加深，使团往来的情况越来越复杂。

---

① ［俄］尼古拉·班蒂什-卡缅斯基编著，中国人民大学俄语教研室译：《俄中两国外交文献汇编（1619～1792）》，第 263 页。

② ［俄］尼古拉·班蒂什-卡缅斯基编著，中国人民大学俄语教研室译：《俄中两国外交文献汇编（1619～1792）》，第 243 页。

③ ［俄］В. С. 米亚斯尼科夫主编，徐昌翰等译：《19 世纪俄中关系：资料与文献》第一卷 1803～1807（上），广东人民出版社，2013 年，第 166、167、189 页。

第二章　中俄宫廷物质文化之往来

中俄互识源于金帐汗国时期，蒙古人入侵古俄罗斯并俘获了大量的俘虏，送往当时的元帝国。那时中国人就知道了"护卫俄罗斯团"（Охранный русский полк）即"宣忠扈卫斡罗斯亲军"（Охранный русский полк, прославившийсяверноподданностью）驻扎在北京的北部。元朝灭亡以后，护卫俄罗斯团部分随蒙古人逃走，部分与当地人融合。而俄罗斯最初建立中国地理概念，主要是通过《马可·波罗游记》和阿法纳西·尼基京（Афанасий Никитин）的游记《三海游行记》得知。1466～1472 年间，俄国商人阿法纳西·尼基京通过海路向东，最远到了印度。在那里，他听说离印度不远有一个叫"中国"的国家，无论是走陆路还是海路，都需要一个月时间。而且，他还听说"秦或蛮秦的港口很大，那里制造瓷器，按重量出售，价格便宜"①。

从 16 世纪开始，无论是俄国还是西方其他国家，对中国的兴趣都在急遽增强。17 世纪，中俄关系进入新阶段，哥萨克人已经知道中国富足和经过蒙古进入中国的路线，同时俄国受到英国要求经过其陆路通道到达中国的外交压力，准备自行前往。17 世纪末，无论在西方还是东方，俄国的国际地位均已巩固，已经具备了派外交使团来中国的条件，自 1689 年中俄签订《尼布楚条约》之后，两国正式进入面对面对话的历史时期。俄国在清廷支持下，享有特殊礼遇。他们在北京建教堂、俄罗斯馆，派学生来京常驻学习，俄国商人则在北京和恰克图等互市，以毛皮换取中国的丝绸、瓷器、漆器、茶叶、棉布等，由此中国的物产、器物得以传播到俄罗斯。

18 世纪，在西方，俄国取得了波罗的海和黑海出海口。在东方，欧洲盛行的

---

① Скачков П. Е. Очерки истории русского китаеведения. М., 1977. С. 15.

"中国风"在彼得大帝倡导下流行至俄国，到叶卡捷琳娜二世时期达到巅峰，两位君主热衷引进国外事物，丰富了俄国文化内涵，增进双方互识。彼得大帝对中国兴趣升温，一方面是对神秘东方扩张的向往，另一方面是物产富饶的诱惑，他非常看重与中国的商业贸易。"彼得大帝时期的中俄关系史，实际就是俄国在远东的商业史以及中国政策对这种经济关系所发生影响的历史。"① 为此俄国多次派使团到中国，带来一些物品作为外交礼品，而清廷则回赠中国特色的物品，在今天这些物品成为两国交往的历史文物。俄国物品从交往之初的简单、价格低廉，慢慢上升到贵重、奢华并专门订制的过程。而清朝与对外交往遵循"厚往薄来"的原则，回赠礼品经常数倍于对方。同时，中外交往过程中，经常遇到使团"不谙朝仪"，导致"却其贡"的情况，这也是在清宫旧藏中外国文物少，而国外中国文物留存数量较多原因之一。

一般情况下，由外交使节赠送的礼品在历史上任何国家都会受到重视，而且保存较为完好。这些回赠的礼品及俄罗斯使团、商队及传教士购回的货品构成今天俄罗斯各大博物馆的中国文物收藏。

一　康熙时期彼得大帝使团

17 至 18 世纪，康熙大帝和彼得大帝是分属东西方的杰出君主。康熙一朝，"名曰守成，实同开创，计擒鳌拜，独领皇权；西征叛乱，东收台湾，北控沙俄；平定三藩，协和蒙古；巡游江南，劝课农桑，启清朝盛世之先兆"②。法国传教士白晋（Joachim Bouvet，1656～1730）为康熙讲授欧几里得几何，高度评价康熙的科学精神。而彼得大帝 17 岁就统领他组建的"少年团"一举粉碎索菲娅公主的摄政集团，开始行使皇权。文献对彼得一世有具体描述："西史言俄国之比达王聪明绝世，因国中技艺不如西洋，微行游于他国船厂、火器局，学习工艺。返国传授所造器械反胜西洋，由是为海外雄国。是知天下无不可学之事，无不可成之功，惟在深谋远虑不

---

① ［法］加斯东·加恩著，江载华、郑永泰译：《彼得大帝时期的俄中关系史》，商务印书馆，1980 年，第 7 页。

② 朱诚如编：《清史图典·太祖·太宗朝》，紫禁城出版社，2001 年，第 4 页。

畏难，不苟安而已。整顿陆营则内患不作，整顿水师则外寇不兴。"① 此处"必达王"就是指彼得一世，他在位期间，进行了全方位西化改革，多次发动对外战争，扩大版图，俄国进入帝国时代。

以 1728 年来华俄国商队为例，在北京为宫廷采购的物品有以 15 倍的价格，花 140 卢布购买的 1 颗钻石、3 块黄玉、58 颗红宝石（其中最大的一颗以 49 倍的价格、花 27 卢布买到的）、107 颗石榴石（最大的一颗是以 1011/2 倍的价格，花 61 卢布买到的）、109 颗宝石（最大的一颗是以 753/4 倍的价格，花 14 卢布买到的）。上述商品总共是原价的 23871/12 倍，共计约 790 卢布。此外，还有以 325 卢布买下的带 48 枚钻石、重达 10 佐洛特尼克的金刚石笔尖。顺便提一句，装饰俄国皇冠的红宝石是在加加林出使时从中国运回的，加加林将宝石转交给了梅尼希基，然后，才到了彼得大帝的手中②。可见，中国物产在价格上有绝对优势，能获取更多利益。

关于俄国来华使团研究已有成果提及，特别是叶柏川教授《俄国来华使团研究》，把 1618～1807 年间的来华使团进行了全面分析研究。本章重点探讨康熙时期的伊兹勃兰特使团和伊兹玛伊洛夫使团，通过分析使团来华赠礼和清政府回赠情况，结合现藏于俄罗斯博物馆的中国文物，呈现康熙大帝与彼得大帝的物质文化往来。

（一）伊兹勃兰特使团

1689 年签订的《尼布楚条约》，俄国的战略重点就是进行贸易，因为中国物产能带去巨大利润，增加俄国国库的收入，维持庞大的战争开支。1697 年前，赴北京以私人商队为主，之后，则以国家商队为主。1689～1697 年间，共 7 支私人商队前来贸易，1698～1718 年间，则有 10 支商队到北京进行贸易。其中，1692 年 3 月，一个新的使团奉命由莫斯科启程前往中国。这个使团的领导者是俄国著名商人伊兹勃兰特·伊台斯。任命有经验的商人作为使者，这表明在《尼布楚条约》签订之初，俄国政府首先感兴趣的是发展贸易，是从中国获得在俄国贵族中拥有广泛销路的中国货（各种丝织品、饰物等）。除此之外，莫斯科政府知道，耶稣会士们在清廷有很大

① 书同文古籍数据库：《清咸同光三朝档案》"清同治朝政务档案"卷一，第 264 页，总页号：4110。
② ［俄］特普谢维奇著，徐东辉、谭萍译，陈开科审校：《十九世纪前的俄中外交及贸易关系》，国家清史编纂委员会·编译丛刊，岳麓书社，2010 年，第 88～89 页。

的影响，而按照外务衙门的谋划，一个西欧出身的人容易求得他们的帮助①。为此，俄国政府频繁遣使来华交涉贸易问题，俄使皆身负重要的商业使命。

> 十三年，俄国察罕汗遣使入贡，以不谙朝仪，却其贡，遣之归。明年复表贡，途经三载，表文仍不合体制，世祖以外邦从化，予涵容，量加恩赏，谕令毋入觐。康熙三十二年（1693 年），俄复遣使义兹柏阿朗迭义迭来朝，帝始召见，赐坐赐食。②

康熙起居注记载：

> 上御保和殿赐赍表鄂罗斯国查汉汗使臣伊里扎礼等食，召伊里扎礼进御座前跪，赐酒，召书写色们等十四人于殿门槛内跪，赐酒。御太和门升座，诸王贝子公文武官员等，上表行庆贺礼及鄂罗斯国使臣伊里扎礼等谢恩，令伊里扎礼坐于阶下，赐茶毕，上回宫。③

文献中"义兹柏阿朗迭义迭"和"伊里扎礼"即伊兹勃兰特·伊台斯使团中的伊兹勃兰特·伊台斯（Эверт Избрант Идес，1657~1708）和亚当·勃兰德（Адам Бранд，生卒不详），此行目的是要求《尼布楚条约》之实行及建立教会事。该使团在北京共逗留 109 天，由于按朝见礼节履行了跪拜礼，遂获得康熙皇帝召见。使团赠送博格德汗（即康熙帝）的礼品：精制玻璃枝形大吊灯一盏、琥珀大烛台一对、琥珀瓶一只、琥珀框镜子一面④。送给领侍卫内大臣索额图礼品：乌木框大镜子一面，小镜子一面，镀金框圆镜一面，小时钟两座，染成金色的皮革二丨张，各种铜器，精制玻璃高脚杯六只，盒装大瓶香水一件，英国花狗三只，训练有素的黑色猎犬一只，荷兰麻布一匹，花边手帕四条；还有一些西伯利亚货物：貂皮、黑狐皮、银鼠皮和

---

① ［俄］米·约·斯拉德科夫斯基：《俄国各民族与中国贸易经济关系史》，社会科学文献出版社，2008 年，第 123 页。
② 书同文古籍数据库：《清史稿》"志"志七十三○礼十宾礼，第 5 页，总页号：4202。
③ 书同文古籍数据库：《清代历朝起居注合集》"清圣祖"卷二十九康熙三十二年十一月，第 14 页，总页号：7545。
④ ［俄］尼古拉·班蒂什－卡缅斯基编著，中国人民大学俄语教研室译：《俄中两国外交文献汇编（1619~1792）》，商务印书馆，1982 年，第 88 页。

海象牙①。需要指出的是，由于俄国国书中将中国皇帝的称号置于俄皇之后，康熙皇帝并未接受上述礼品并退回国书。虽然如此，使团仍然受到康熙赏赐："鄂罗斯察罕汗遣使进贡，赏赉如例"②。这些礼品包括，有全副中国鞍辔的马一匹，貂皮镶边、带有红缨的缎帽一顶，丝袍一件，带佩刀的涤丝腰带一条，丝围巾两条，靴及长筒花缎袜各一双，中国缎子衣料一幅，棉布三十匹。同样也赐给书吏谢苗·波列茨基及使臣的全体随员帽子、袍子、腰带、佩刀、丝围巾、靴子、长筒袜子及每人棉布十六匹③。

伊兹勃兰特·伊台斯使团此次来华的政治任务虽然没有全部顺利完成，但进行商业贸易的结果是令人满意的，仅此次带回宫廷就达 7646 卢布，是纯利润④。而出发时使团仅有 3000 卢布和价值 3000 卢布的毛皮⑤。

回国后，伊台斯写了一本《中国三年旅行记》，于 1704 年在阿姆斯特丹出版。而同行的亚当·勃兰德写了《1692 年等数年中国旅行记》，于 1697 年在法兰克福出版。这两本游记已由商务印书馆于 1980 年翻译出版，书名为《俄国使团使华笔记（1692~1695）年》。该使团还提交了一份正式报告指出适于向中国出口，可望获致厚利的俄国商品：头等、中等和次等的没有经过鞣制的貂皮；头等和中等的貂鼠腹部毛皮；鄂毕河区域、俄国欧洲部分和雅库茨克出产的银鼠皮；雅库茨克和其他地方出产的松鼠皮；雅库茨克和尼布楚的山猫皮，按件计；北极狐皮；野兔的皮和腹部毛皮以及其他各种毛皮。可输入俄国以供鉴赏的合算商品：头等珍贵宝石；上等和中等的锦缎；南京棉布⑥。可见，使团对两国贸易需求进行了调查，获取大量有价值信息。300 多年后，与使团相关的文物在艾尔米塔什博物馆展出。

---

① ［荷］伊兹勃兰特·伊台斯 、［德］亚当·勃兰德著，北京师范学院俄语翻译组译：《俄国使团使华笔记（1692~1695）》，商务印书馆，1980 年，第 208 页。

② 书同文古籍数据库：《大清圣祖仁皇帝实录》康熙三十三年正月至三月、康熙三十三年甲戌春正月，第 7 页，总页号：8157。

③ ［俄］尼古拉·班蒂什 - 卡缅斯基编著，中国人民大学俄语教研室译：《俄中两国外交文献汇编（1619~1792）》，第 93 页。

④ ［俄］В. С. Мясников, Кастальский ключ Китаеведа, том 1, Москва Наука 2014. С. 278 - 279.

⑤ ЦГАДА. Ф. Сношения России с Китаем. Оп. 2. 1692. Стб. 1. Л. 19 - 20.

⑥ ［法］加斯东·加恩著，江载华、郑永泰译：《彼得大帝时期的俄中关系史》，商务印书馆，1980 年，第 70 页。

2014年，俄罗斯国立艾尔米塔什博物馆出版的《东西方宫廷外交礼品三百年》一书中，提到一件中国缂丝椅披。文中指出该缂丝就是1692年伊兹勃兰特·伊台斯使团带回的多件缂丝椅披之一，俄国学者认为这是康熙大帝赠送给彼得大帝的礼品①。

该缂丝云鹤花卉纹椅披（图2.1），系用金银线编织而成，长164厘米，宽64厘米。彩缂五彩祥云、飞鹤、繁花、绿叶和五彩水波纹等纹样，配色适宜，缂织精细。整个画面云雾缭绕、祥鹤飞舞，宛若仙境，强调寓意长寿的主题，是庆贺寿辰时之场合精美装饰品。最初，这些缂丝椅披被带回之后用于装饰莫斯科皇宫，1700年，迁都圣彼得堡后，缂丝椅披也被带到圣彼得堡继续使用。据记载，1711年，彼得大帝把其中7件中国缂丝椅披作为外交礼品送给科西莫三世·德·美第奇家族，至今这些缂丝椅披还藏于佛罗伦萨的彼提宫。此外，还有4件缂丝椅披现藏于艾尔米塔什博物馆，其余的则不知去向，可能沙皇赏给了他的亲信②。

图2.1　缂丝云鹤花卉纹椅披

①　Дары востока и запада императорскому двору за 300 лет. Санкт – Петербург，2014，C. 86.

②　Дары востока и запада императорскому двору за 300 лет. Санкт – Петербург，2014，C. 86.

宋元以降，缂丝一直是皇家御用织物。明朝初期，朝廷力倡节俭，规定缂丝只许用作敕制和诰命，故缂丝产量甚少。至明成化年间，缂丝生产已趋繁盛，主要产于北京、南京和苏州等地。对照故宫藏品，该缂丝椅披图案层次分明、疏密均匀而富于装饰性，故宫织绣专家认为是清代康熙时期缂丝椅披的精品，该发现对研究清初缂丝工艺尤为重要。而艾尔米塔什博物馆有学者则认为是明代文物。遗憾的是，对照上述康熙回赠礼品文献，并未发现这些缂丝椅披。此外，笔者认为该缂丝椅披可能并非康熙帝所赠，否则如此珍贵的椅披会被记录下来，推测为使臣在北京购买或专门订制。

总之，有关问题的讨论还刚刚开始，尚待进一步交流。

（二）伊兹玛伊洛夫使团

彼得大帝时期，俄国在清廷支持下，在中国享有特殊礼遇。他们在北京建教堂、俄国馆，派学生来京常驻学习，而俄国商人在北京和恰克图等互市，以毛皮换取中国的丝绸、瓷器、漆器、茶叶、棉布等，由此中国的物品得以传播到俄国。为获取更多商业利益，1719～1721 年，彼得大帝派伊兹玛伊洛夫使团来华，受到康熙接见，此时康熙已是垂暮之年。使团带来的礼物有"镶着雕花镀金镜框的大镜一面，台镜一面（镜框是雕花镀金的，台子也是雕花镀金的并带有两只烛台），镶着水晶镜框的长方形镜子多面，英国自鸣钟一座，镶宝石怀表一对，罗盘一只，数学制图仪器四套，大君主用的绘有波尔塔瓦战役图的望远镜四架，显微镜一架，晴雨计二只，还有毛皮、黑貂皮、狐皮、北极狐皮、银鼠皮多件，共值五千零一卢布又八十三戈比。伊兹玛伊洛夫个人送给康熙的礼物有，金质怀表一只、镶有珐琅的金质烟盒一个、英国金盒一个、法国银剑一柄、银质有柄大杯一只、狗二十四只（俄国狼狗十二只和法国猎犬十二只）及丹麦马一匹。"[1] 康熙回赠了礼品，包括赐给使臣一件康熙皇帝自己的貂皮袄和一件貂皮里子皮袄和帽子。康熙帝赠送彼得大帝、使臣本人及其随员的礼品有："三十粒东方珍珠、几只镶有珐琅的金碗、小盒、花盆、各式日本器皿、锦缎、绸缎等等。"[2] 伊兹玛伊洛夫还告诉

---

① ［俄］尼古拉·班蒂什－卡缅斯基编著，中国人民大学俄语教研室译：《俄中两国外交文献汇编（1619～1792）》，商务印书馆，1982 年，第 115～116 页。

② ［俄］尼古拉·班蒂什－卡缅斯基编著，中国人民大学俄语教研室译：《俄中两国外交文献汇编（1619～1792）》，第 119 页。

康熙，大君主（彼得）特别喜欢中国的平花富丽壁毯。康熙答曰，这样的壁毯在宫廷里制作要三年，为此需要准备丝绸、金、银等物品。并答应让宫廷专门为此制作，一定让大君主满意。使团的一个随从人员翁弗尔察格特专门留下来负责照管壁毯。毡毯价值库银三万两，伊兹玛伊洛夫表态壁毯必须付钱订制，可是康熙没有收取费用。根据 1725 年 8 月 3 至 14 日的报告，这些壁毯于 1721 年 5 月 19 至 30 日被带回伊尔库茨克①。

此外，根据枢密院提供的清单，伊兹玛伊洛夫使团还从中国购买了帐篷、挂毯、船和房子模型、餐具、日用品、漆器、风铃和其他商品。在俄使团 1719 年 6 月的采购清单上明确写有彼得大帝命令伊兹玛伊洛夫从中国购买船的模型。

现今，在俄罗斯纪念彼得大帝人类学民族学博物馆（珍宝馆）藏有一件"自行船"，为中国游船模型，由隐藏的弹簧驱动，并被冠以"天朝之舟"的美名。俄国学者考证这件"自行船"是康熙大帝赠送彼得大帝的礼品，由伊兹玛伊洛夫使团于 1719～1721 年带回。这是中国古代匠师制作的机械玩具，在世界博物馆的收藏中是也罕见的藏品。

船体由木头、象牙构成，底部有三个轮子，外观为中国传统式样。船上有两个中式亭台楼阁，一个方形结构，另一个为六角形，都是双重檐，有圆月门。船体用锡、镀金、镀银、彩绘等工艺，还有桅杆和帆。船上的人物有歌手、舞者和仆人，他们在为一个中国贵族服务，这些人物皆象牙雕刻，船舷旁的船夫为琥珀制成。机械装置被船板覆盖，工作原理和钟表相同，靠发条弹簧启动，用钥匙上弦，上弦之后底部三只轱辘开始滚动，推动船向前移动。船上的歌手和舞者也随着移动，船犹如在水中航行。船两侧板用象牙并彩绘，上有踏浪奔跑的装饰马，在侧板上方栏杆装饰两条动感的龙。

据记载，这些"自行船"被带回俄国后，先在莫斯科呈给彼得大帝和叶卡捷琳娜一世欣赏把玩，然后被送到彼得堡入藏宫廷。1725 年彼得大帝去世后，这些船被转到珍宝馆。另外，在彼得堡奥拉宁堡的绘画宫建小珍宝馆时，其中一只船从彼得大帝的珍宝馆被送到这里②。众所周知，1747 年珍宝馆发生了火灾，很多中国物品都

---

① ［法］加斯东·加恩著，江载华、郑永泰译：《彼得大帝时期的俄中关系史》，商务印书馆，1980 年，第 171 页。

② Воображаемый Восток: Китай《По - Русски》18 - начало 20 века/сост. О. А. Соснина. - М.: Кучково поле, 2016. - 216 с.: цв. ил. с 27.

毁掉了，而这只船由于被收藏在奥拉宁堡宫而躲过一劫。1750 年开始，奥拉宁堡宫
也开始收藏各种艺术品，直到 1792 年叶卡捷琳娜二世进行改革，奥拉宁堡宫的藏品
开始入藏艾尔米塔什博物馆或者送还彼得大帝珍宝馆。由此可见，这只船在俄国藏
了近 300 年。

　　由于损毁严重，俄罗斯匠师按照在艾尔米塔什博物馆发现的水彩画对船进行了
复原（图 2.2），水彩画的作者是俄国科学院绘画系的学生格列科维
（А. Грековым），于 1736 年绘制。根据彼得大帝的命令，珍宝馆藏品要编制目录，
并附插图，1744 年目录出版，但插图没有刊登，因此这幅水彩画在当时被作为插图
保存下来。同时，水彩画的存在证实了 18 世纪珍宝馆的确藏有"自行船"①。水彩画
按照实际尺寸绘制在一张纸的两面，这与 1744 年出版的拉丁文目录相互印证②。

图 2.2　"天朝之舟"水彩画

①　Menshikova M. Chinese and Oriental Objects//The Paper Museum of the Academy of Science in Royal Nether-
　　lands Academy of Arts and Science，2005. P. 247 – 269.

②　Воображаемый Восток：Китай《По – Русски》18 – начало 20 века/сост. О. А. Соснина. – М.：Кучково
　　поле，2016. – 216 с.：цв. ил. с 27.

　　船的机械原理由钟表专家复原，上弦钥匙虽然已经丢失，但最终用一个古代俄国柜子的钥匙代替，安装得天衣无缝。但中国古代匠师还是给俄国学者出了一个难题，就是"自行船"的甲板上如果不放置合适重量的物品，船就不能自行移动。经过多次研究试验，放置俄罗斯货币两卢布硬币，船就可以发动，最终问题解决，18世纪的精美"自行船"得以再现在世人眼前（图2.3）。

图2.3　复原后的"天朝之舟"（拍摄于莫斯科察里津诺博物馆）

　　康熙时期，随着钟表在宫里开始被制作，也开始出现机械玩具。"档案中有多处记载了当时宫中制造和陈设自动机械玩具的情况。由于这些玩具和陈设都以发条为动源，齿轮驱动，原理与钟表相同，对制作技术水平的要求也几乎一样，为重要的科技史资料。"① 受康熙时期影响，雍正时期的"自行虎制作精细，外表以真皮包裹，形态逼真，以发条为动源，行动自如，活灵活现"。与自行虎一样，自鸣鼓也是以发条为动力源的自动机械玩具。上紧发条后，可以发出有节奏的击鼓声②。由此可见，"自行船"的工作原理和其他自动机械玩具一样。

① 郭福祥：《时间的历史映像》，故宫出版社，2013年，第121页。
② 郭福祥：《时间的历史映像》，故宫出版社，2013年，第121页。

除"自行船"外，艾尔米塔什博物馆还藏一件金累丝嵌珐琅双龙耳花瓶，俄国学者认为这也是伊兹玛伊洛夫使团带回的，因为在康熙回赠礼品中提到珐琅器，但这件是否为康熙所赠还有待进一步研究，也不排除使团自行购入。器通高 28.5 厘米，镀金银胎，侈口，溜肩，垂腹，台足，以双龙做耳，龙首、龙尾造型灵动逼真，局部填蓝珐琅，器口沿处为金口，下嵌珐琅，瓶颈与器身处弦纹嵌云状蓝珐琅间添松石釉。中心开光处以珐琅及松石釉装饰亭台楼阁、树木、人物，用粗细不等的金丝累成。造型精美别致，器身庄重典雅，赏心悦目。整器做工精良，尽显清前期高超的累丝制作工艺。

该器物为累丝嵌珐琅工艺。彼得大帝对累丝的喜爱，源于 1717 年去欧洲宫廷时见到的中国累丝制品。1716～1717 年，彼得一世在德国勃兰登堡和巴黎开始新的收藏。他不但喜欢闻名于世的琥珀屋，而且还对夏洛腾堡宫的累丝装饰青睐有加。这些来自中国的累丝属于威廉奥兰治、荷兰执政和大不列颠国王，在腓特烈一世的时候赠送给彼得大帝，上面还有威廉三世的印章①。

以上与使团相关的文物尚存，反映两个君主的交流及对科技文化的重视。从两次来华使团的礼品比较可以看出，彼得大帝派伊兹勃兰特使团，正值其掌权之初，仍延续之前来华赠礼的简单实用传统，礼品除琥珀、动物和毛皮是本国特产外，还有为数不多的吊灯、镜子、钟表、玻璃制品等"西洋奇巧"，这些产品俄国不生产，有些购自欧洲。而之后的伊兹玛伊洛夫使团来华赠礼一改之前的简约风格，堪称奢华，礼品中增加了大量展示西方科技的产品，例如钟表、数学仪器、望远镜、显微镜等，欧洲其他国家的礼品元素超越了之前所有俄国使团。这表明，彼得大帝崇尚西方，对中国关系更加重视并了解康熙的喜好。希望通过以这些新奇物品为媒介，实现以政治为实质、从而实现贸易外交之目的。而康熙回赠礼品却仍然遵循"厚往薄来"的外交原则，礼品以传统礼品为主，鲜有外来元素，如瓷器、丝织品、毛皮都为本土物产。中国传统是将"礼"藏于器物，显示注重内涵融入礼物之中。康熙时期是中俄关系发展的重要时期，对俄国的态度是通达和包容的，但仍有强烈的优越感和大国意识，这从礼品丰厚程度也可以看出。在位期间，两位君主分别将各自国家带入鼎盛局面，清朝成为东方最强大的王朝。彼得使落后的俄国迅速崛起，正如马克思所说：

① М. Л. Меньшикова. Дальневосточные дары царскому дому. Дары востока и запада императорскому двору за 300 лет. с. 52. с. 53.

"彼得大帝用野蛮制服了俄国的野蛮。"最终使俄国走上了近代化道路。

二　雍正时期赴俄使团礼品考

2014 年，在俄罗斯国立艾尔米塔什博物馆展出了一件雍正时期的中俄合璧文物，这件文物复原了雍正朝赴俄使团的盛况。

雍正在位期间，曾两次派出赴俄国使团，托时使团是清朝第一次派往欧洲国家真正意义上的外交使节①。1729 年，清政府派遣托时使团，一方面是联合俄国抗击准噶尔部，另外是为祝贺沙皇彼得二世登基，但途中得知沙皇去世，使团在俄宫廷热情友好氛围中，觐见了女皇安娜·伊凡诺芙娜。1730 年 2 月，托时使团到达色连金斯克后，使团分头行动，由满泰奉命带领 5 人前往土尔扈特部，另外 5 人由托时带领赴莫斯科。1731 年 1 月 14 日，和迎接其他友好国家代表一样，中国使团在 31 发礼炮和鼓乐声中进入莫斯科，红门旁有 4 个兵员列队欢迎②。随后，为庆祝安娜女皇加冕，雍正皇帝于 1731 年第二次派遣使团前去向女皇祝贺并赠送礼物。该使团的两名重要人物，内阁学士德新、侍读学士巴彦泰（同引文文中的"巴筵泰"），还有秘书福卢及随从二十名。德新使团于 1731 年 4 月 21 日到达恰克图，1732 年 4 月 27 日到达圣彼得堡，参观珍宝馆并受到俄国科学院汉学家的接待。1732 年 7 月 27 日至 8 月 2 日在莫斯科受到极大关注，参观工厂和文化遗迹③。当时俄国的第一份报纸《圣彼得堡新闻报》连续报道了中国使团经西伯利亚来访的行程、盛大的入城仪式以及觐见女皇的过程，这些有关中国使团的新闻引起圣彼得堡市民的极大兴趣④。托时使团赠送给女皇的礼品被分装在 18 只漆木箱子中，其中有中国金鞘的宝剑一把、锦缎数幅、瓷器、漆器、柜子等。随后，清政府为表示对俄国工作人员在接待和护送托时使团的良好表现和殷勤效劳的肯定，又赠送价值十万银两的礼品，于 1732 年 6 月 15 日运到色楞格斯克。按俄国货币计算，一两银等于一卢布三十戈比，共计为十三万

① 马汝珩、马大正：《略论雍正年间清政府两次派往俄国的使团》，《外交学院学报》1989 年第 4 期。

② В. С. Мясников. Кистальский ключ Китаеведа. Том 3. Москва. Наука. 2014. с. 212.

③ В. С. Мясников. Кистальский ключ Китаеведа. Том 3. Москва. Наука. 2014. с. 213.

④ П. Е. Скачков. Очерки истории русского китаеведения. М. 1977. С. 35.

卢布。这批礼物包括各种颜色的生皮革六百张、七两的银锭三千个、五两的银锭三千个、素缎三千幅、中等缎料三千幅、带浆缎料一千幅、织金锦缎二千幅、毛料一千幅、染织品二千幅、上等和低等的席子五百条、单股丝线四千斤及合股丝线四千斤。这批礼品在色楞格斯克换装成 468 只大木箱，用 4 条平底木船沿水路西运，然后换乘 116 辆大车经陆路于雍正十一年运抵莫斯科[①]。德新使团赠送给女皇的礼物有石制器皿、瓷器、革制器皿、涂漆器皿、玻璃器皿，还有若干上漆的器具，即书房用木器数件、小桌数张、首饰匣数个、香袋数个和各色中国缎料四十幅，分装在 19 个箱子运到皇宫。安娜女皇则向雍正帝回赠了西伯利亚的贵重毛皮和两批带有丝绒花纹的大红绣金花缎[②]。

中国使团给俄宫廷携带了大量礼品，使团离开后几年，安娜女皇专门下令把这些礼品赏给内阁成员。"这些礼品按照女皇的命令分成五份，侍从总长比龙（Эрнст Иоганн Бирон），骑兵元帅勒文沃尔德（Рейнгольд Густав Лёвенвольде），副总理大臣奥斯特曼（Андрей Иванович Остерман），将军亚古津斯基（Павел Иванович Ягужинский）以及参事切尔卡斯基（Черкасский Алексей Михайлович）每人分得一份。"[③]

以上档案来自俄方记载，非常简略，难知其详。但其实"清宫内务府造办处档案"和"清宫瓷器档案"对这两次赴俄使团礼品情况记录非常详尽，无论时间还是数量都能一一对应，而且还包括礼品清单，甚至礼品包装都有详细描述。

（一）清宫造办处档案中托时礼品清单

古籍文献中在清朝前期，无论官方与民间，还是中央与地方，有关俄罗斯的称呼可谓多种多样。其中鄂罗斯、厄罗斯、阿罗斯、幹鲁思、兀鲁思、罗刹、俄罗斯等较为常见，而"鄂尔斯"称呼却鲜见。在"清宫内务府造办处档案"和"清宫瓷器档案"中多次出现"鄂尔斯"的称呼，经与历史事件核实，该称呼就是指"俄罗斯"。

根据文献，托时使团出访时间为 1729 年，礼品计 18 箱，宫内"裱作"用了 10 天时间包装，根据礼品大小制作了红榜纸棉垫等内包装 348 个。推测棉垫应为垫装瓷

① ［俄］尼古拉·班蒂什-卡缅斯基编著，中国人民大学俄语教研室译：《俄中两国外交文献汇编（1619～1792）》，商务印书馆，1982 年，第 218 页。

② П. Е. Скачков. Очерки истории русского китаеведения. М. 1977. С. 36，231.

③ Сборник Имп. Русского исторического общества. Том сто одиннадцатый. Бумаги кабинета министров императрицы Анны Иоанновны，1731–1740гг. Т. IV（1735）. Юрьев，1901. С. 452.

器、玉器和漆器等易碎物品，照录如下。

> 雍正七年各作成做活计清档 造办处活计库
>
> 【朝代】雍正七年（1729 年）农历二月二十九日
>
> 【地点】裱作
>
> 二十九日据（入裱作）圆明园来帖，内称郎中海望传做赏鄂尔斯等五处红榜纸棉垫，径过八寸碗垫四十八个，径过九寸盘垫二十四个，径过八寸盘碗垫四十八个，径过六寸小盘垫三十个，径过七寸小碗垫二十六个，径过一尺一寸大盘垫四个，径过八寸皮盘垫八十个，径过九寸皮碗垫五十二个，径过七寸靶碗垫十二个，径过一尺六寸大皮盘垫二十四个，记此（于三月初十日做得红榜纸棉垫大小三百四十八个，随赏用活计用讫）。[1]

同时，礼品的外包装箱用杉木做的，白毡里，外面上漆，用錽银锁匙，内盛装棉花塞垫，器物用纸包裹。包装和礼品清单详见"清宫瓷器档案"。

> 雍正七年各作成做活计清档
>
> 【朝代】雍正七年（1729 年）农历三月一日
>
> 三月初一日，据圆明园来帖，内称郎中海望、员外郎傅参奉怡亲王谕，着将赏鄂尔斯五处物件酌量拟定预备，配做杉木白毡里油录油镀錽银饰件箱，盛装棉花塞垫用纸包裹，遵此。
>
> ……赏鄂尔斯腰刀一把（系造办处的），百花妆缎六匹，新花样缎八匹，锦缎十六匹，次缎四十四（系广储司行取），各种茶叶十罐，各色扇十二匣，各色香袋十匣，各种墨八匣（系敬事房交出），香色漆大皮盘四件，红漆大皮盘四件，香色漆八寸皮盘六件，红漆八寸皮盘六件，香色漆皮茶盘六件，红漆皮茶盘六件，香色漆皮碗六件，红漆皮碗六件（系造办处的），白玉双喜杯二件，白玉串枝莲花杯一件，白玉莲耳杯一对，白玉人物八角杯一件，白玉酱（同番）花杯一件，白玉有盖方壶一件，白玉单耳瓶一件，汉玉三喜杯一件，白玉花插一件，白玉螭虎碗

---

① 香港中文大学文物馆、中国第一历史档案馆：《清宫内务府造办处档案总汇》3"雍正六年起雍正七年止 1728～1729"，人民出版社，2007 年。

一件（系圆明园□出），各色洋漆器皿，梅花式子母盒一对，香几鼓式子母盒一对，香几八角盒一对，田鸡桃式盒一对，蝴蝶式盒一件，香几盒一件，香几罩盒一件，小香架一件，有靶盖碗一对，香架一件，黑地金花盒一对，长方香几一对，罩盖长方盒一件，连盖四层长有屉盒一件，连香几长方盒一件（系圆明园□出），霁红磁碗六件，酱色暗花磁碗十件，霁青磁碗十件，红地黄花磁小茶碗六件，五彩磁果托四件，红地蓝花磁小茶碗六件，霁红磁盘六件，葵花瓣五彩磁盘十件，五彩磁壶二件，白地黑色花磁盘八件，五彩磁罐四件，五彩白地八宝磁盘四件，松竹梅磁壶二件，透花边莲花大磁盘二件，霁红磁花插一件，黑色暗花八宝小磁碟六件，青寿字白磁壶四件，葡萄色暗花磁小碟六件，五彩磁镈一件，凤穿牡丹马蹄磁壶二件，绿色暗花磁小碟六件，青花白地有盖磁罐一件，青龙白地磁执壶二件，五彩花白地磁胆瓶一件，五彩磁人物花卉磁壶二件，圆明园交……

呈怡亲王看，奉王谕，准照所拟定物件做红榜纸、棉垫塞垫稳，装箱，俟有人来领时，以便发给遵此。（赏鄂尔斯物件，共盛十八箱，录油镀银饰件锁钥箱，毡里毡套，原任侍郎拖锡原任副都统，广锡原任护军，参领翟三领去讫。）①

俄档案里特提到"有中国金鞘的宝剑一把"，指的是雍正五年在鋄作进行添补装修的头等赏用腰刀，之后于雍正七年赏给俄罗斯。就是"随选得子儿皮穿金丝西番花饰件，彩金西番花黑漆鞘一把赏鄂尔斯"，这是清廷专门为托时使团用内库改制的腰刀，并换上好钢打造，宝剑应是翻译之误。见"雍正五年各作成做活计清档，造办处活计库"和"雍正七年各作成做活计清档造办处活计库"。

【朝代】雍正五年（1727 年）农历四月二十日

【地点】鋄作

二十日，郎中海望、员外郎沈嵛奉怡亲王，着添补装修上用腰刀六把，头等赏用腰刀十把，次等赏用腰刀三十四把，遵此。（……于七年五月十六日将头等赏用腰刀二把，赏土勒古忒鄂尔斯讫。）②

---

① 北京铁源陶瓷研究院、中国第一历史档案馆：《清宫瓷器档案全集》卷一，中国画报出版社，2008 年。

② 香港中文大学文物馆、中国第一历史档案馆：《清宫内务府造办处档案总汇》2 "雍正四年起雍正五年止 1726～1727"。

【朝代】雍正七年（1729 年）农历二月二十六日

【地点】杂活作

二十六日，据圆明园来帖，内称催总、胡常保、张四来说，郎中海望传京内库上收贮象牙饰件腰刀一把，着将刀铁取下，另换造办处好钢，凹面刀铁，其鞘用黑子儿皮鞯做，再自鸣钟做的穿金丝腰刀饰件三分内一把，用黑子儿皮鞯鞘二把，用撒林皮鞯鞘绿皮鞘画金花，亦用造办处好钢凹面刀铁，记此。

于二十七日，据圆明园来帖，内称郎中海望奉怡亲王谕，赏鄂尔斯等用腰刀四把，再添做黑子儿皮鞯鞘腰刀一把，亦用好钢打造，其装修或半踏地镀金饰件或穿金丝饰件俱可遵此。

于五月二十一日，据圆明园来帖内称，本月十六日，员外郎福森持来子儿皮穿金丝西番花饰件、彩金西番花黑漆鞘腰刀一把，子儿皮穿金丝西番花饰件、子儿皮鞘腰刀二把，象牙饰件腰刀一把，呈怡亲王看。随选得子儿皮穿金丝西番花饰件，彩金西番花黑漆鞘一把赏鄂尔斯，又选得子儿皮穿金系西番花饰件、子儿皮鞘腰刀一把，赏土尔古特。奉王谕照此二把样式，各做一把备用，遵此。现存腰刀二把在活计库。①

以上是赏给俄罗斯腰刀的情况。

（二）清宫造办处档案中德新使团礼品清单

清廷第二次派出赴俄德新使团，携带礼品 19 箱，和上次出访一样，礼品遴选严格，特意定制了珐琅器，礼品中还增加了玻璃器。详见"清宫瓷器档案"，照录如下。

雍正九年各作成做活计清档 造办处活计库

【朝代】雍正九年（1731 年）农历正月十三日

【地点】珐琅作

十三日，宫殿监督领侍陈福传旨，将法琅活计预备些来赏鄂尔斯用，钦此。（于本日将传做法琅鼻烟壶一对，法琅马蹄炉一件，法琅轮杆一分，法琅双陆马

---

① 香港中文大学文物馆、中国第一历史档案馆：《清宫内务府造办处档案总汇》4 "雍正七年起雍正九年止 1729 ~ 1731"。

式壶一对,交太监马进忠持去交宫殿监督领侍陈福收讫。)①

6 天后,这些珐琅器出现在赏俄罗斯礼品清单中。见文献。

雍正九年各作成做活计清档

【朝代】雍正九年(1731 年)农历正月十九日

正月十九日敬事房首领太监周世辅来说,宫殿监督领侍陈福、监副侍苏培盛交,白玉荷叶笔洗一件,白玉桃式杯一对,白玉双喜杯一对,白玉双喜碗一件,白玉双喜有盖壶一件,青玉鼎一件,白玉觚一件,白玉方戟瓶一件,白玉菱花式壶一件,汉玉鸠式花插一件,五彩磁葵花七寸盘十件,墨花磁七寸盘八件,五彩磁七寸盘十件,五彩磁五寸碟四件,绿磁四寸碟六件,紫色磁四寸碟四件,霁红磁四寸碟六件,红花磁盖碗一对,红花磁盖钟二对,霁红磁茶浅六件,矾纸茶浅六件,霁红磁碗六件,黑地五彩磁碗八件,霁青磁碗十件,五彩莲瓣磁碗四件(随五彩磁托四件),五彩磁花罇一件,矾红磁双管瓶一件,霁红磁胆瓶一件,青龙白地磁壶一对,画松树磁壶二对,松竹梅磁罐二对,五彩磁壶一对,五彩磁提梁壶一对,透花边五彩大磁盘二件,各样茶叶十磁罐,仿洋漆梅花式衬色玻璃盒二件,洋漆圆香几一对,洋漆方香几一对,洋漆方胜香几一对,洋漆书格一对,洋漆长方盒一对,洋漆方罩盒一对,洋漆桃式盒一对,洋漆圆八角盒二对,洋漆方胜盒一对,紫色洋漆盒一件,洋漆茶钟四件,红色洋漆茶碗八件,香色漆皮碗十二件,香色漆皮碗十件,紫色漆六寸皮盘六件,香色漆七寸皮盘六件,紫色漆七寸皮盘六件,紫色漆大皮盘四件,珐琅马蹄炉一件,珐琅双陆马式壶一对,珐琅鼻烟壶一对,珐琅鳅耳炉一件,坛琅香盒一件,珐琅匙箸瓶一件(铜镀金匙箸),呆绿玻璃鳅耳炉一件,呆蓝玻璃盒一对,亮红玻璃盒一对,仿均窑炉一件,牛油石花插二件(内盛象牙茜色长春梅花二束),红白玛瑙盒一件,各式扇子十二匣(每匣五把),墨八匣(每匣八块),各色锦十四,各色妆缎八匹,各色官用缎四十匹,各色上用缎十二匹,各色香袋六十个,各式连二香代四对,各式连三香袋六对。传旨着配杉木箱,用棉花

---

① 香港中文大学文物馆、中国第一历史档案馆:《清宫内务府造办处档案总汇》5 "雍正九年起雍正十一年止 1731~1733"。

塞垫稳，赏鄂尔斯用，钦此。（于二月初三日，将以上之物配得杉木胎，录油面黑毡里镀银饰件箱十九个，用棉花塞垫稳，随黑毡外套十九个，员外郎潘毗交内阁学士德新、侍读学士巴筵泰领去讫。）①

通过以上档案文献看出，雍正皇帝对两次赴俄使团非常重视，从礼品内外包装到礼品遴选都让怡亲王亲自督办，可谓甚花心思，精心改制腰刀，督选珐琅器，增加玻璃器等。在出使礼仪方面，托时使团觐见女皇的过程被记录下来，全体使臣行了一跪三叩首礼：当俄首席大臣代表女皇致以答词后，"全体使臣立即跪下，向女皇恭贺，行了三叩首礼"②。觐见完毕，使臣们退出时，"重又跪下，三叩首"②。托时使团很可能没有向俄国政府解释一跪三叩礼的意义，也就是说，俄国并不了解一跪三叩礼乃外藩亲王拜见宗室贝勒的相见礼，而不是觐见皇帝的三跪九叩礼③。这既对外国君主表示了尊重，也维护了中国天下秩序观中清朝皇帝"天下共主"的地位。由此反映出雍正帝在对待与俄罗斯关系上，不同于康熙时期的大国心态，表现出更加积极主动、务实的对外政策。

（三）雍正使团文物展出及考证

2014 年，俄罗斯国立艾尔米塔什博物馆展出一件白料双耳金盖杯（图 2.4），据俄学者考证就是来自雍正时期德新使团所赠礼品，而文献记载仅德新使团有"玻璃器皿"的记录。该玻璃杯造型为仿白玉杯制作，左右拐子龙形双耳，由明代螭龙耳演变而来。金盖为后加，盖上镶嵌钻石皇冠，上有安娜女王的花押字。说明此玻璃杯受到俄国宫廷的青睐，特为它配上金盖，含蓄内敛、莹润如玉的白料与奢华黄金钻石堪称绝配。根据俄文文献，"1732 年 4 月中国使团运来玻璃部分（俄学者认为指的是玻璃杯），5 月 12 日把它赠送给宫廷，在圣彼得堡为它配制了金盖"④。

---

① 北京铁源陶瓷研究院、中国第一历史档案馆：《清宫瓷器档案全集》卷一。

② ［俄］尼古拉·班蒂什 - 卡缅斯基编著，中国人民大学俄语教研室译：《俄中两国外交文献汇编（1619～1792）》，商务印书馆，1982 年，第 204～205 页。

③ 陈维新：《清代对俄外交礼仪体制及藩属归属交涉（1644～1861）》，黑龙江教育出版社，2012 年，第 148 页。

④ Дары востока и запада императорскому двору за 300 лет, санкт - Петербург, Издательство Государственного Эрмитажа，2014. C. 117.

图2.4 白料双耳金盖杯

但仔细核对德新使团礼品清单，其中提到玻璃器有"仿洋漆梅花式衬色玻璃盒二件、呆绿玻璃鳅耳炉一件，呆蓝玻璃盒一对，亮红玻璃盒一对"等，并未提到玻璃杯，从描述上也无白色玻璃器，清廷更不会把这件玻璃器误认为是玉杯，当时记录应该是详细准确的，此外，托时使团也没有玻璃器的记载，同时赴俄罗斯赠送给土尔扈特的礼品清单中也未有玻璃器的记载：

> 赏土尔古特腰刀一把，系造办处的；百花妆缎四匹、新花样缎四匹、锦缎十二匹、次缎二十四、系广储司行取；各种茶叶五罐、各色扇八匣、各色香袋十匣、各种墨六匣、系敬事房交出；香色漆大皮盘二件、红漆大皮盘二件、香色漆八寸皮盘四件、红漆八寸皮盘四件、香色漆皮茶盘四件、红漆皮茶盘四件、香色漆皮盘四件、红漆皮碗四件、系造办处的；各色洋漆器皿四方香几一对长方子母盒一件、香架一对、琴式砚盒一分、长方砚盒一分、长方罩盖盒二件、有托盖碗一对、罩盖方盒一件、连盖四层长方有屉盒一件、系圆明园发出；霁红磁碗四件、葡萄色暗花磁碗八件、霁青磁碗十件、红地黄花磁小茶碗六件、红地蓝花磁小茶碗六件、葵花瓣五彩磁盘十件、五彩磁果托二件、透花卉莲花大磁盘二件、白地黑色花磁盘八件、五彩白地八宝磁盘四件、霁红磁盘六件、绿色暗花磁小碟四件、黑色暗八宝小磁碟四件、五彩人物花卉磁壶二件、葡萄色暗花小磁碟四件、凤穿牡丹马蹄磁壶二件、松竹梅磁壶二件、青龙白地磁执

壶二件、五彩磁罐二件、青寿字边磁壶二件、青花白地磁罇一件、系圆明园的。呈怡亲王看，奉王谕，准照所拟定物件做红榜纸、棉垫塞垫稳，装箱俟有人来领时，以便发给遵此。①

以上可以看出，俄罗斯学者未看到中文档案导致误判，认为该杯来自德新使团。但值得一提的是，俄学者已经敏锐地注意到德新使团的确赠送了玻璃器，玻璃在清代为异常珍贵之物，"雍正朝与乾隆朝相比，对玻璃器皿的赏赐极其有限，虽无明文规定，但受赏者的范围极小，仅为周边属国、西藏地区、外藩蒙古和朝中重臣等，遂成为地位等级的象征，折射出朝廷在对外关系、边疆问题、宗教问题上的方针政策及处理方式"②。但此件玻璃器上的金盖有安娜女皇的花押字，能说明其年代，但不能证明是德新使团所赠。猜测该玻璃器有可能是来华使团或商队自行购入的。同时，此件文物对研究雍正时期坡璃器有重要参考价值。

事实上，俄国玻璃在清宫档案里也有记载：

【朝代】雍正元年（1723 年）农历正月二十三日

二十三日，珐琅处交来，鄂尔斯摆锡玻璃片，长七寸四分，宽五寸八分，五十三片。③

十九日，郎中海望奉旨，万字房观妙音屋内，有矮床处玻璃窗户眼太窄小，照西一间窗户眼样做，用坠子做软的，此窗户眼若对高床还底，尔另想做法起高些，钦此。（于三月二十五日做得，菱花锦面白杭细里软帘一架，高九寸、宽六寸，鹅黄圆绦子二根，黄铜靶圈二个包黄绫，画喜相逢双圆铅坠子二个，长七寸五分、宽五寸九分，鄂尔斯玻璃一块（此玻璃系工程处档子房的），又做得卷窗帘五架，俱系菱花锦面白杭细里，各宽（高）九寸、宽六寸，下安杉木卷杆，长七寸五分、宽五寸九分，鄂尔斯玻璃五块（此玻璃系

① 香港中文大学文物馆、中国第一历史档案馆：《清宫内务府造办处档案》4 "雍正七年起雍正九年止 1729～1731"。

② 林姝：《雍正时期玻璃制品与朝政的关系》，《故宫博物院院刊》2008 年第 5 期。

③ 香港中文大学文物馆、中国第一历史档案馆：《清宫内务府造办处档案》1 "雍正元年起雍正四年止 1723～1726"。

工程处槽子房的）。①

　　八月初三日，据圆明园来帖内称，七月十二日总管太监陈九卿交来黑皮拱花鄂尔斯玻璃夹板镜一面，说此镜照人有黄色，着人认看是何原故。记此。（于本日，内务府总管海望看得，玻璃内黄红青色，系玻璃之故。随将造办处照人本色玻璃镜一面，总管太监陈九卿持进呈览。奉旨，此玻璃照人甚好，着照此样玻璃，做镜几面。钦此。于十月二十七日做得黑皮拱花玻璃镜二面，并原交出玻璃镜一面，交总管太监陈久卿讫。）②

　　可以看出，俄罗斯玻璃在清廷被使用，而且从质量上看也为清廷所认可，说明两国的玻璃制造是有交流的。虽然当时一些通晓玻璃制造技术的传教士直接参与了清廷玻璃制造，他们对传播西方玻璃制造技术和改进我国传统玻璃生产也做出了成绩。但文献并没有俄罗斯传教士参与清宫玻璃制造的记载。

　　俄罗斯玻璃生产始于基辅罗斯时期（10～12世纪）。13～16世纪蒙古人入侵阻止了该工艺的发展，直到17世纪得以恢复。但这期间其实交流一直都存在，中国文物在金帐汗国考古遗址中屡有发现。2010年，俄罗斯萨拉托夫州博物馆考古队在乌韦克（Укек）古城遗迹中发现了中国玻璃石榴簪，根据出土地层年代测定为1260～1280年，发现于乌韦克定居点基督教区，是古班金（Кубанкин Д. А）研究员主持的发掘，现藏于萨拉托夫地区志博物馆③。俄罗斯第一家玻璃工厂建于1634～1639年，位于莫斯科附近的 Dukhanin 村。在1669年，另外一家工厂在 Izmailovo 成立。18世纪，M. V. 罗蒙诺索夫开发了制造彩色玻璃的技术。而清宫造办处于康熙三十五年（1696年）设立玻璃厂。雍正时期，以几种玻璃代替宝石，并正式列入典章制度。如用于官员所戴的帽顶，三品官以蓝色明玻璃相当蓝宝石作帽顶，四品官以蓝色涅玻璃相当青金石帽顶，五品官以白色明玻璃相当水晶帽顶，六品官以白色涅玻璃相当

---

① 香港中文大学文物馆、中国第一历史档案馆：《清宫内务府造办处档案》3 "雍正六年起雍正七年止 1728～1729"。

② 香港中文大学文物馆、中国第一历史档案馆：《清宫内务府造办处档案》4 "雍正七年起雍正九年止 1729～1731"。

③ Кубанкин Д. А. Христианский квартал Золотоордынского города Укек по материалам раскопок 2010 – 2013 гг.

碎碟帽顶①。"雍正玻璃的器型以端庄典雅、棱角分明、线条流畅为主要特征，在造型上除采用传统器型外，并仿造了其他工艺的造型。"②

清宫玻璃厂自康熙朝成立至雍正末年的五十年间是兴盛期。此时期在工艺上融中国传统与欧洲技术之长，制造出了许多新品种，然传世者不多。德新使团向俄国赠送玻璃器和珐琅器无疑有彰显国力之意，其次，时值清朝准备统一新疆大业，雍正帝派德新使团告知俄国准备征讨准噶尔，希望获得俄国支持，在选择礼品上尤为用心。清廷赠送给沙皇的礼物有如下特点：第一，厚往薄来，以彰显国力富强为主要目的，如玉器、瓷器、丝绸、宫廷重要陈设器等贵重物品；第二，根据外交目的不同赠送礼品有所考量，雍正遣使赴俄国以报聘为名联盟俄罗斯、土尔扈特部，意在为平定准噶尔部获得支持，赠送礼品丰厚异常；第三，礼品内容上从传统中国特色商品到珐琅器、玻璃器，这是随着中西文化交流不断吸收外来义化的过程。

三　乾隆帝与叶卡捷琳娜二世

自康熙持续到雍正，中俄宫廷之间频繁交往，到了乾隆时期大为减少。乾隆执政期间，中俄在边界、逃人、贸易等方面争执冲突不断，加之俄国未能遵守雍正时期承诺的不干涉准噶尔之约，故乾隆帝对俄外交政策强硬，特别是土尔扈特部回归，让两国关系雪上加霜。乾隆帝还拒绝戈洛夫金使团来华，甚至三次关闭恰克图互市，对俄贸易制裁。这件乾隆御题诗盒装古币组合，据俄罗斯学者推测是叶卡捷琳娜二世派往中国的使团、商队、传教士被乾隆接见后，带给女皇叶卡捷琳娜二世的礼物。

紫檀刻御题诗盒装古币组合，盒长16.7厘米，宽16.6厘米，高8.9厘米。分三层，最上面放置写有"泉流归极"的折子，内书32枚钱币来源，下面钱币分层摆放。盒盖上书写中文、满文、蒙古文、维吾尔文4种语言，盒四周分别雕有描金乾隆御题诗8首。钱币为中国不同历史朝代钱币样品，其中有多枚为北宋时期钱币。此盒器形玲珑，装饰清雅，特别是"泉流归极"设计极为巧妙，与其他材质的雕刻、镶嵌工艺浑然一体，充分显示清乾隆时期工艺发展水平（图2.5）。

---

① 杨伯达：《清代玻璃概述》，《故宫博物院院刊》1983年第4期。
② 张荣：《清雍正朝的官造玻璃器》，《故宫博物院院刊》2003年第1期。

紫檀刻御题诗盒装古币组合为乾隆时期赠送俄宫廷为数极少的礼品，该古币组合无疑为宫廷特制，"泉流归极"寓意清王朝顺利平定准噶尔部、回部，实现了统一大业。而研究古币的俄学者巴斯塔尔纳克就此谈到："乾隆皇帝用这些古币及上面的诗文，向俄国宫廷机智而优雅地传达了大清实现了国家统一和作为邻邦的影响力。"①

图2.5　紫檀刻御题诗盒装古币组合

四　光绪帝与尼古拉二世之往来

（一）李鸿章赴俄

1896年2月10日，光绪帝授李鸿章为"钦差头等出使大臣"，赴俄国参加沙皇尼古拉二世的加冕典礼，目的在于联俄抗日，同时前往英、法、德、美等国联络邦交。李鸿章出使，是清政府位望如此之隆的重臣第一次出访，访问受到俄廷礼遇。尼古拉二世接见李鸿章，互赠了宝星、国书和礼品。接待过程和礼品记载如下：

> 主客大臣导就旁室小憩，易公服，诣小殿，见俄皇及后。皇及后降座而迎。节相向上三揖，呈递国书，并敬呈大皇帝遥馈俄皇"头等第一双龙金宝星"一座（法人巧制）、大烛奴一对、白璧一双、色丝顾绣大红毯一幅、古铜瓶一对（二千余年物也）、嵌宝之砝蓝瓶碟各事，靡不异常华贵。其致辞，则代大皇帝申谢俄皇拒日夺辽

① М. В. Постарнак. Нумизматические дары. Дары востока и запада императорскому двору за 300 лет, санкт - Петербург, Издательство Государственного Эрмитажа, 2014. С. 77.

之美意，敬贺加冕上仪，更愿永敦辑睦。俄皇答谢大皇帝，并劳使节。礼成而退。①

尼古拉二世也在他的日记中提到："4月25日，我接见了李鸿章，他代表博格德汗赠送礼物给我，还有他自己的礼物。然后，我在办公室里通过他的儿子李经方翻译与李鸿章进行了长时间交谈。"②

需要提及的是，俄方所赠宝星是在彼得堡专门铸造，这两枚银质的宝星不同尺寸，上面有一对浮雕的龙和中国文字③。可惜在中国的故宫博物院没有找到宝星，国书现藏于台北故宫博物院。2014年，李鸿章的部分贺礼文物出现在俄罗斯国立艾尔米塔什博物馆的展览上。

遗憾的是，礼品中"头等第一双龙金宝星""色丝顾秀大红毯""白璧"没有找到，文物清单中的大烛奴一对、古铜瓶一对（找到一个）、嵌宝之砝蓝瓶碟各事，现藏于艾尔米塔什博物馆。

其实，李鸿章出使俄德法英四国，在遴选礼物上做了充足准备。见造办处档案奏折文稿。

【朝代】光绪二十二年（1896年）农历正月十四日

正月十三日，军机处交出李鸿章片，奏再俄德法英四国交谊辑睦，均应有钦颁礼，物由（臣）赍往致其国君，拟请颁发内库古磁器、古铜器、玉器各件以期精美，而示隆重，可否？请旨饬下内务府，每样各备四分，（臣）定于正月二十日出京，并祈克日交（臣）祗领。此外应配用各色土仪由（臣）随地购办，届时奏报。理合附片陈明，伏乞圣鉴，谨奏。磁库值宿库使百昆接得堂抄来文一件，为军机处交出，颁发俄德法英各国礼物古磁古铜玉器事。④

以上说明李鸿章赴俄罗斯主要赠送了古瓷器、古铜器和古玉器等，对照《李鸿章历聘欧美记》能看出记载也是比较准确的。

---

① 蔡尔康、林乐知编译：《李鸿章历聘欧美记》，湖南人民出版社，1982年，第46页。

② Дневник Николая II, Том I, 1894 - 1904, С 95.

③ М. Л. Меньшикова, Дальневосточные дары царскому дому. Дары востока и запада императорскому двору за 300 лет. С, 57. Санкт - Петербург издательство государственного эрмитажа, 2014.

④ 北京铁源陶瓷研究院、中国第一历史档案馆：《清宫瓷器档案全集》卷四十五。

（二）艾尔米塔什博物馆藏李鸿章贺礼

对此，俄罗斯艾尔米塔什博物馆研究员孟什科娃的论文《李鸿章和尼古拉二世：关于艾尔米塔什博物馆藏的几件中国文物》，根据馆藏档案孟什科娃还公布了艾尔米塔什博物馆藏贺礼清单。其中，光绪送给尼古拉二世的贺礼有白玉（具体不知）、白玉树桩形花插、瓷瓶、郙谱簋乙、铜胎掐丝珐琅盘1对、红釉瓷瓶、方形古铜瓶、铜胎掐丝珐琅仙鹤灯盏1对。而李鸿章个人赠送的礼品有红漆盒1对、累丝工艺品1对、真丝毯1件、掐丝珐琅画屏1对、掐丝珐琅黄地福寿纹抱月瓶1对、掐丝珐琅香薰1个、10箱茶叶、10块丝绸料、掐丝珐琅冰鉴1对①。

其实，清单中的古铜瓶，就是郙谱簋乙（图2.6、2.7），该器通盖高17厘米，宽19.5厘米。簋圆形，敛口，鼓腹，有双耳，耳部饰龙首，圈足，圈足下为三兽形扁足。有盖，盖上有圆形捉手。盖顶与器腹饰瓦纹，盖沿、颈部上饰窃曲纹。盖器同铭，4行24字。铭文："郙谱乍宝簋，用追孝于其父母，用赐永寿子子孙孙永宝用享。"俄学者将此簋断代为西周时期青铜簋。其实，在《商周金文资料通鉴》里就有此簋记录，郙谱簋乙，为春秋早期青铜器，编号为05022。其"形制纹饰：弇口鼓腹，一对兽首耳，下有垂饵，圈足下连铸三个兽面扁足，盖上有圈状捉手，盖沿和器口下饰窃曲纹，盖上和器腹饰瓦纹，圈足饰垂鳞纹。"②铭文同上一致。光绪年间，与此簋同时于山东出土的郙谱簋甲，其著录也在《商周金文资料通鉴》电子版里找到，编号为05021。郙谱簋甲原藏于清宫，后归斌备卿、多智友、刘体智（金索、攗古录），现不知下落。而未被著录的郙谱簋乙，备受收藏界、文博界关注。

清单中的大烛奴一对，其实就是仙鹤铜胎珐琅烛台（图2.8），该器通高165厘米，铜胎珐琅质，口衔荷花，上置烛台。通身錾刻白色珐琅羽纹，底置一山石形铜胎珐琅座，仙鹤之双足立于底座之上。此对烛台錾刻细腻，仙鹤羽纹、头部、腿部、爪部都力求写实，比例协调，姿态优雅。烛台为清代宫廷陈设用器，置于宝座地平两侧。

---

① АГЭ. Ф. 1. Оп. 1. Д. 6. Л. 92А.
② 吴镇烽：《商周金文资料通鉴》软件光盘版。

图 2.6　邦谴簋乙①

图 2.7　邦谴簋乙铭文②

图 2.8　仙鹤铜胎珐琅烛台（对）③

①　Дары востока и запада императорскому двору за 300 лет，санкт – Петербург，Издательство Государственного Эрмитажа，2014. С. 336.

②　Дары востока и запада императорскому двору за 300 лет，санкт – Петербург，Издательство Государственного Эрмитажа，2014. С. 337.

③　Дары востока и запада императорскому двору за 300 лет，санкт – Петербург，Издательство Государственного Эрмитажа，2014. С. 56.

红釉瓶（图2.9），清，高35.5厘米。瓶撇口，细长颈，削肩，鼓腹，圈足。通体施高温铜红釉，釉面匀净，色泽纯正。郎窑红釉瓶属于陈设用瓷，一般用于插花。郎窑红釉为高温釉，是以铜为呈色剂，经还原焰在1300℃以上高温一次烧成。红釉于北宋初年已出现，但呈色不太稳定。而此件红釉瓶造型端庄规整，釉汁厚，釉色红艳光亮，器物口部釉薄露骨，器物颈下部至底边由于釉汁的流垂凝聚而近于黑红，应为康熙时郎窑红釉瓷器的典型作品。

白玉树桩形花插（图2.10），清，高17.4厘米。花插使用莹润白玉，树桩形，中空，用作花插。器身外凸雕松树、梅枝、竹枝。松、竹、梅为"岁寒三友"。松、竹、梅的纹饰，常被作为寓意健康长寿或高风亮节的吉祥图案。据俄文资料记载，该花插底部有两行中文字，分别写有"中国皇帝个人收藏1452号和顺序号404"，俄罗斯档案清单上是832号。

图2.9　郎窑红釉瓶①　　　　　　图2.10　白玉花插②

①　ары востока и запада императорскому двору за 300 лет, санкт – Петербург, Издательство Государственного Эрмитажа，2014. С. 335.

②　М. В. Постарнак. Нумизматические дары. Дары востока и запада императорскому двору за 300 лет, санкт – Петербург, Издательство Государственного Эрмитажа，2014. С. 334.

掐丝珐琅黄地福寿纹扁壶一对（图2.11），高28厘米。瓶圆口，短颈，扁圆腹，椭圆形圈足，肩部饰双兽耳。壶身用铜鎏金錾花蔓草纹将腹部装饰成排列规律的如意形，上腹以蝙蝠纹装饰，下腹寿文，以黄色珐琅釉为地，上饰各色吉祥花卉。此器胎壁厚重，金工富丽，珐琅装饰严谨工整，引人注目。该器应为乾隆时期的珐琅器，清乾隆时期是我国珐琅工艺发展的鼎盛期，当时制造了众多涉及宫廷祭祀、陈设和生活用品等各个方面的珐琅制品。在制作工艺上精益求精，不惜工本，从而形成了"厚重坚实、金光灿烂"的乾隆时期珐琅器的风格特点，对后世产生过深远影响。

图2.11　掐丝珐琅黄地福寿纹扁壶（对）①

以上光绪帝赠送尼古拉二世的礼品中有春秋早期的青铜器和其他贵重的宫廷陈设器，代表清朝最高的工艺水平。光绪帝让李鸿章送此重礼是借尼古拉二世加冕之机，实现李鸿章主张的"以夷治夷"，寄希望于联合俄国抵制日本。就当时清政府面临的复杂国际背景，李鸿章的策略也是无奈之举，想利用列强的矛盾，达到保护自己的目的。当然，使团最终并未达到预期效果。

---

① Дары востока и запада императорскому двору за 300 лет，санкт‐Петербург，Издательство Государственного Эрмитажа，2014. C. 58.

第三章　沙皇的中国藏品

俄国沙皇的私人中国藏品不包括清朝皇帝通过中俄使臣赠送的礼品，他们是通过东印度公司、欧洲购入、俄罗斯商队、恰克图贸易以及俄罗斯驻华传教士订购订制的物品，其中中国外销艺术品非常受沙皇青睐，反映出他们的审美趣味。

中俄签订《尼布楚条约》之前，中俄贸易海路主要通过欧洲的东印度公司采购商品。借助东印度公司贸易，中国商品进入俄罗斯，带去"中国趣味"。陆路方面，17世纪初，俄罗斯通过中亚商人的贸易获取中国货物。随着中俄边界冲突不断，俄罗斯率先派使臣赴中国解决边界问题，受到清政府的接待。《尼布楚条约》签订以后，两国开始通商互市、通学、通使，直至鸦片战争前中俄关系比较平稳。中俄互市主要包括京师互市、恰克图互市、黑龙江互市、库克多博—祖鲁海图互市、库伦互市、齐齐哈尔互市等，其中影响最大、持续时间最长的是京师互市和恰克图互市。至清乾隆四十年（1775年），恰克图贸易额占俄国外贸总额的8.3%，恰克图的关税收入占全俄关税收入的38.5%[1]。由此可见，恰克图贸易在中俄互市中的重要地位。而中国商品给俄罗斯人留下深刻印象，俄罗斯认为中国是一个东方奇珍世界，并由此产生与洛可可艺术产生共鸣的新时代。

清朝时期，中俄交往近三百年，最初俄罗斯对中国的兴趣除了领土扩张，还有就是来自对"中国商品"的热爱。彼得大帝时期不惜在外交礼仪上做出让步来换取通商的条件。"为了对抗俄国人，中国掌握了一项足以打击敌人弱点的武器，那就是收回给与俄国的各种商业上的特权。"[2] 正是始于彼得大帝对神秘东方的兴趣，中国商品以不同途径开始大量进入俄罗斯。其中有些商品因独具特色、艺术价值高而得

①　Х. Трусевич. Посольские и торговые сношения России с Китаем до XIXв. С. 214.

②　[法]加斯东·加恩著，江载华、郑永泰译：《彼得大帝时期的俄中关系史》，商务印书馆，1980年，第5页。

到沙皇们的青睐，一直为沙皇个人所有。

一　皇太子伊万·伊万诺维奇的收藏

克里姆林宫博物馆藏的一件中国青花瓷瓶，被定为俄罗斯珍宝级文物（图 3.1、3.2）。它有个优雅的名字叫"苏丽雅"，是古罗斯文"花瓶"之意。在俄帝国巨著《俄罗斯国家古代珍品文物集》中，这件中国青花瓷瓶被列入重要文物。该书是在沙皇尼古拉一世的命令下，由著名考古学家、艺术家索尼采夫（1801～1892 年）带领完成，也是迄今为止俄罗斯最为珍贵的书籍之一。该书主要记载俄罗斯古代重要珍贵文物，这件由伊凡雷帝长子（也是皇太子）伊万·伊万诺维奇所拥有的私人藏品被摆在显要的位置。使人们想起皇太子伊万·伊万诺维奇的，往往是列宾那幅名画《伊凡雷帝杀子》，原名为《1581 年 11 月 16 日恐怖伊凡和他的儿子》。这幅画讲述的是发生在俄罗斯沙皇伊凡雷帝和其皇子之间的历史悲剧。画家描绘了伊凡雷帝杀死儿子后的惊恐万状的情形，像是后悔，又像在祈求儿子不要死去。而被杀死的皇太子正是这件中国青花瓷瓶的主人。如今，物是人非，这件中国青花瓷瓶见证了整个罗曼诺夫王朝的兴衰。

"苏丽雅"瓷瓶馆藏编号为 Φ - 1159，瓶通高 34.5 厘米，瓶身呈六棱形，口微撇，细长颈，斜肩，丰腹，下部饱满，底足为六棱形，通体青花装饰。口沿嵌银镀金口，上书古罗斯文"СУЛЕЯ ЦАРЕВИЧА КНЯ ИВАНА. ИВАНОВИЧА"（阴刻主人的名字："皇太子伊万·伊万诺维奇"）。颈部自上而下依次为细蕉叶纹、变形云纹、变形回纹、云纹。有盖，盖顶宝珠形纽，盖内饰银镀金，中心凸起部分刻有独角兽，周围用牙边装饰。一根银链自宝珠形纽至瓶颈中部，以拴住瓶盖。此瓷器来源不清，没有相应记载。俄学者将其断代为 16 世纪中期，根据其胎、青花釉色和纹饰造型特点，故宫专家认为是明嘉靖时期的作品。

由于这件瓷器身份特殊，纹饰精美、造型优雅，做工精细，质量有别于一般外销瓷器。俄罗斯的 A. D 波波夫瓷厂于 1870 年仿照这件瓷器制作了两件同样尺寸的瓷器，但复制品失去了原件的优雅韵味，看起来太厚重。两件复制品一件藏于莫斯科的俄罗斯国家历史博物馆，另一件藏于俄罗斯国立艾尔米塔什博物馆。尽管这件瓷瓶真品并不完美，整体造型不完全端正，甚至细长颈有些歪斜，但它的魅力丝毫未减，它的艺术价值、历史价值在俄罗斯所藏历代文物中举足轻重。

毫无疑问，"苏丽雅"的金属部分是后加上的，作为一种异域元素，中国瓷器在俄国被重新改造。大规模在中国瓷器上进行改装镶嵌工艺出现在 18 世纪"中国风"盛行时期，但这件"苏丽雅"有皇太子铭文，应该是 16 世纪改装的。加上盖和银链后的"苏丽雅"完美融入俄国宫廷的装饰风格。而未加金属部分，与"苏丽雅"外形纹饰极为相似的另一件藏品在伊朗国家博物馆被发现，青花六棱长颈瓶，见戴柔星《阿德比尔清真寺收藏的中国瓷器》一文，高 31 厘米，直径 14 厘米，该馆资料显示是 16 世纪晚期。"苏丽雅"带盖高 34.5 厘米，而此件没有加盖，高度也非常接近。这两件器物是这期间中国出口瓷器的典型特征，体现了穆斯林买主的影响力。瓷器外形特征，体现的是中东金属制品的外形。说明当时这类青花瓷在各国宫廷很盛行。

图 3.1　苏丽雅
（拍摄于莫斯科克里姆林宫博物馆）

图 3.2　苏丽雅局部
（拍摄于莫斯科克里姆林宫博物馆）

中国早期出口瓷器主要是青瓷和青花瓷器，在古罗斯已经为人所熟知，在莫斯科克里姆林宫有些被挖掘出土。但到现在为止也没有被世界各国收藏的中国早期出口瓷器列入其中，看起来，在俄罗斯之外鲜为人知。就连著名英国学者 John Carswell 也没有见过这些瓷器，他著有《青花——世界各地的中国瓷器》一书，其他海外的专家也都没有看过①。John Carswell 差不多走遍全球寻找中国早期瓷器（近中东、蒙古、印度诸岛和太平洋），甚至研究过开罗古老的垃圾场的瓷片，但却绕过了广大的俄罗斯领土，这是中国瓷器在本国之外存在更有趣的证据②。

二　彼得大帝的收藏

彼得大帝是俄国历史上最著名的帝王。他继位后，积极兴办工厂，发展贸易、文化、教育和科研事业，同时改革军事，建立正规的陆海军，加强封建专制的中央集权制。他还发动战争，夺得波罗的海出海口，给俄罗斯帝国打下坚实基础。可以说，近代俄国的政治、经济、文化、教育、科技等方面的发展史无不源于彼得大帝时代。同时，彼得大帝热衷引进国外事物，在他的积极倡导下，17～18 世纪席卷欧洲的"中国风"（英文：Chinoiserie；俄文：Шинуазри 或 Китайщина）也吹到了俄国，开创中国艺术品收藏之先河。

（一）双头鹰纹章瓷药瓶

普希金在他的未竟之作《彼得大帝史》中写道："1707 年 12 月 5 日，彼得大帝来到莫斯科，根据药房需要，赠送了很多中国瓷器。"③ 其中这种双头鹰纹章瓷药瓶就在彼得大帝房间里摆放，同样的药瓶在艾尔米塔什博物馆有多件。欧洲把这种以绿彩为主，其他彩为辅的瓷器称为"绿彩瓷"。该瓶高 19.5 厘米，撇口，折腰，短颈，丰肩，直腹，近底处凸弦纹，直底。通体绘红绿黑彩，双头鹰头戴皇冠，两鹰头之间绘稍大尺寸皇冠，瓶腹部绿彩开光，中绘变形如意纹，双头鹰一只脚抓剑，

---

① Macintosh D. Chinese Blue and White Porcelain. Hong Kong, 1997.

② А В Трощинская, Китайский фарфор в допетровской Руси: на пересечении культур Востока и Запада, Труды Исторического факультета Санкт - Петербургского университета, 2013. С, 246 - 269.

③ Китайское экспортное искусство из собрания эрмитажа конец 16 - 19 век. Санкт - Петербург, 2003. С. 57.

另一只脚抓枝状物（图3.3）。

这件纹章药瓶无疑为中国工匠绘制，通身绘制的纹饰显示出对俄帝国国徽的不熟悉，甚至把一些重要细节绘错，例如开光部分绘制的变形如意纹，本应该绘圣徒安德烈骑士，并无开光。而鹰所抓剑和枝状物也脱离原样，应为一脚抓权杖，另外脚抓金球。该瓷器上既有俄帝国国徽的纹饰特点，又夹杂了中国元素，如开光装饰、变形如意纹等。可能也正因为这些特点，彼得大帝很喜爱这些瓷器。

清康熙年间，外销纹章瓷达到了鼎盛。纹章瓷的彩绘产地也从原来的景德镇转向了外贸重地广州。从景德镇购入素胎，然后带到广州根据不同外商订单进行烧制。我国尽管是纹章瓷的烧制国，但如今国内纹章瓷的遗存量却非常之少。"当时，高品质的瓷器在欧洲价格与同重量的黄金相

图3.3 双头鹰纹章瓷药瓶

当，同时还被人们附会上许多神秘的效能。比如说，当时认为涂抹在瓷器上的任何毒药都会失去效力。"① 在彼得一世执政前，俄罗斯上流社会还很少家庭拥有中国瓷器。瓷器无论在宫廷还是民间都是奢侈品。

（二）彼得大帝衣橱里的中国丝绸暗花直襟长袍

这件中国长袍在彼得一世1702年"船长宫"清单里就有提及，最后著录在《1712年物品清单》里。长袍用蓝色中国暗花丝绸面料、里面双层、直襟、两侧开叉，长袖，上有葡萄纹暗花图案，背长149厘米，前襟用两块面料，后背用一块面料制作而成（图3.4）。"这种中国丝绸面料在17～18世纪

① ［俄］尼·阿·萨莫依洛夫：《处在文化交汇点上的圣彼得堡》，圣彼得堡《弗列加特》出版社，2007年，第30页。

图 3.4　彼得大帝中国长袍

进入俄国，用途广泛，其中包括制作服装和旗帜，艾尔米塔什博物馆还藏有同样图案的面料。据说，彼得大帝每天早晨喜欢穿着这件长袍工作。"①

以上是与彼得大帝直接相关的中国文物。宿丰林教授曾在《十八世纪俄国的"中国风"》一文中谈及俄宫廷的"中国热"，包括艾尔米塔什博物馆彼得一世的药瓶、一件"中国袍"。

彼得大帝时期对中国的概念并不清晰，更多有关中国的消息来自彼得大帝在欧洲看到的中国商品。正因如此，彼得大帝对神秘东方一直没有放弃探索。

三　女皇叶卡捷琳娜二世的收藏

叶卡捷琳娜二世统治时期，俄国汉学家列昂季耶夫（А. Л. Леонтьев，1716～1786）出版了译自满文的两卷集《大清律》节译本，引起叶卡捷琳娜二世重视。同时她还受到伏尔泰等欧洲启蒙思想家影响，认为中国皇帝是世界上最开明君主，中国社会是欧洲国家效仿的理想社会模式。她创作了中国题材作品《费维王子的故事》和《中国人论良心》②。受大环境"中国热"的影响，叶卡捷琳娜二世对中国形象的直观感受就是来自中国的这些外销艺术品。

叶卡捷琳娜二世有很多中国藏品，其中"累丝银镀金浴室系列套件"她特别喜爱，1789 年特意在上面标注"工艺非常精湛的银器"。这套浴室套件以钻石、珍珠装饰，累丝、掐丝、镂空工艺制作，套系包括一个装饰奢华镜子、两只香水瓶。钻石和珍珠装饰

① Китайское экспортное искусство из собрания эрмитажаконец 16 – 19 век. Санкт – Петербург, 2003. С. 168.

② 阎国栋：《叶卡捷琳娜二世的中国观》，《俄罗斯研究》2010 年第 5 期。

是 18 世纪中期在欧洲后加上去的，镜子高 55.8 厘米，有 3 个可活动的木抽屉，背面无纹饰。镜子装在一个可移动的架上，用销钉固定。框架被银镀金叶覆盖，在银叶上装饰有不同编织方式的累丝，底座上有 4 个大累丝金龙。镜框装饰花纹、银累丝和珍珠，还有些地方有珐琅装饰，所有配饰用弹簧连接。很明显，从俄罗斯的审美看，镜子的累丝和镀金装饰不够，所以，朴素的镜子被华丽地装潢起来。1859 年 Б. Кене 的清单上有记载，镜子左上方有星状宝石，右上方有半月状宝石（没有保存下来）。镜框上方饰以银质花瓶，上有钻石和巨型巴洛克式珍珠花束。在镜框周围镶嵌 18 颗圆形宝石，每个抽屉把手上都镶有一颗大型宝石。在镜框上方，通常有中国狮子的地方，立着两个半瓶，上有宝石花束装饰①。此外，还有两只彩蛋形状盒和一只长方形化妆盒，均可开合，彩蛋盒用于装薰衣草水，方盒用于装化妆品，单独配有锁和钥匙。口红盒的形状是一只螃蟹伏于镂雕树叶上，眼睛部分可开合，用于装口红或胭脂（图 3.5 ~ 3.7）。

图 3.5　镜子和香水瓶

---

① Китайское экспортное искусство из собрания эрмитажа конец 16 – 19 век. Санкт – Петербург，2003. С. 143.

图 3.6 彩蛋形香料盒和方形化妆盒

图 3.7 螃蟹形口红盒

此系列浴室用器设计巧妙，累丝制作精良，技艺高超，细微处亦精益求精，可谓累丝工艺中的精品。后增加的珍珠钻石是 18 世纪洛可可风格，装饰性强，繁缛奢华，符合当时女皇的审美。

四 尼古拉二世的收藏

俄罗斯沙皇中，尼古拉二世是以皇太子身份唯一到访过中国的沙皇。皇太子此行在中国主要游历了香港、广州、武汉、汉口等地，沿途他购买了大量中国艺术品，回国后于 1894 年在冬宫展出。其中这套西洋棋和象牙折扇是他从中国购买的艺术品，保留至今①。

这种西洋棋流行于 18～19 世纪。在圣彼得堡、奥拉宁鲍姆、加特契纳、皇村中的叶卡捷林娜宫都有收藏。该棋盘黑漆描金，长 49 厘米，宽 49 厘米。棋盘是折叠式

① Китайское экспортное искусство из собрания эрмитажаконец 16 – 19 век. Санкт – Петербург, 2003. С. 161.

的，双面纹饰。上绘棋格，金色和黑色方格相间。表面被金色花纹的花果乐器蝴蝶装饰，棋盘侧面也同样装饰。棋盒内部也用金彩绘。32 个棋子以象牙雕刻，16 个棋子为象牙本色，另16 个棋子染牙红色，棋子高度不等，自6.2 至11.8 厘米，棋子可以放置在棋盘下面的盒内。包括中国皇帝和皇后，一对文官，一对骑士，一对打着旗子的大象，还有八个士兵。通常这么贵重的象棋不是用来对弈的，它们被放在玻璃罩下陈设观赏（图3.8）。

图3.8　牙雕西洋棋

另外一件为象牙人物化鸟折扇，丝绸扇面，象牙做扇骨。奶油色丝绸扇面上面用彩丝绣着《西厢记》故事，人物面部由象牙微雕贴上。另外一面则满绣花鸟。银雕铰链上嵌螺钿、玫瑰花，用销钉固定，扇坠挂有白丝流苏。扇盒为黑漆描金，盒面上有清朝皇帝同治时期的钱币，这是断代的依据。钱币四周为花和蝴蝶环绕，盒内部丝绸包裹，盖为花鸟纹。此折扇子尺寸出人意料的大，装饰艳丽。虽然折扇为外销品，但装饰采用了中国传统的吉祥纹饰和文学题材。此扇购于日本的一家商店。

第四章　俄国驻华学生与皇家瓷厂的创立

一　引言

　　瓷器，是中国走向世界的名片，瓷器在中西文明交汇中之所以重要，是因为西方对中国文化的认知很大程度上源于瓷器。中世纪起，由商人从中国运到欧洲的瓷器，便被欧洲人追捧。同时，中国瓷器不仅是国际贸易中的商品，而且也是高端的"外交礼品"。15世纪中期，埃及苏丹曾把中国瓷器作为礼物赠送给威尼斯福斯卡利总督（Doge Foqscari，1442）[1] 和法国国王查理七世（Charles VII，1447）[2]。在1553年美第奇家族收藏中，已经拥有373件中国瓷器，在欧洲瓷器收藏中居首位[3]。然而由于需求量大且运输成本太高，欧洲各国开始想方设法研发和获取瓷器情报。

　　欧洲瓷器成功烧制与工业间谍 Père Francois Xavier' Entrecolles（1664~1741年）密切相关，他是天主教耶稣会法国籍传教士。1698年到中国后，便改名殷弘绪，为获取中国瓷器烧制配方曾在中国景德镇居住过7年时间。康熙五十一年（1712年）及康熙六十一年（1722年），殷弘绪两度将其在景德镇观察与探听而得的瓷器制作细节以及相关样本写成报告，寄回欧洲耶稣会，从而使法国人在法国本地仿造出瓷器，以后又传遍欧洲各地。

　　俄国瓷器的出现也与此相似，在其瓷厂建立之初，为获取瓷器生产和瓷土配方，

① Фишман О. Л. Китай в Европе：Миф и реальность（ХIII – ХVIII вв.）．СПб．，2003. С. 410.

② ТройницкийС. Н. Фарфорибыт. Л.：．Брокгаус – Ефрон，1924. С. 13.

③ Impey O. Chinoiserie.，*The Impact of Oriental Styles on Western Art and Decoration. London*，*etc.*：Oxford University Press，1977. PP. 89.

在中国进行了多年间谍活动。目前国内学者研究鲜有涉及俄国工业间谍活动。出版于 1906 年的《俄罗斯皇家瓷厂》（Императорский фарфоровый завод 1906）利用历史档案提及了俄国派使团、商队和留华学生获取中国瓷器秘密的简单过程。俄罗斯历史学家皮萨连科（Писаренко，Константин Анатольевич）在俄国档案基础上对此进行过梳理，主要述及俄国瓷器发明过程中，弗拉德金在中国的间谍活动所起的作用①。尤里·杜什金（Душкин Юрий）在文章《库尔辛在伊尔库茨克》（Курсины в Иркутске）中梳理了银匠、商人库尔辛来华获取情报的过程，并提到在俄罗斯的亚洲部分，几个世纪以来仅有伊尔库茨克市有发明和生产瓷器的传统，这源于 250 年前库尔辛家族。

二 俄国认识中国瓷器

中俄互识源于金帐汗国（又称钦察汗国，Golden Horde，1219～1502）时期，金帐汗国对俄罗斯 240 多年的统治给后者带来的影响是广泛而深刻的，两者并非如传统俄国史学著作中描述的那样是简单的压榨与反抗关系，更大程度上是庇护与共生的关系。俄罗斯在相当大程度上接受了蒙古的器物、制度、文化和思想②。根据俄罗斯考古发掘资料，在莫斯科克里姆林宫地下室发现一批来自金帐汗国、撒马尔罕和"苏丹纳巴德"波斯陶器文物，以及断代在 13～14 世纪后期的中国青瓷③。除此以外，被称为"雪拉同"（celaton）的龙泉窑瓷器遍布金帐汗国统治过的伏尔加河流域，出土很多残片。可见，俄国接触中国瓷器出现在金帐汗国时期。

俄国宫廷的中国瓷器收藏数量众多，传承有序的可以追溯到伊凡雷帝时期（Иван IV Васильевич，1530～1584）。一件被称为"苏丽雅"（СУЛЕЯ）的青花瓷瓶，为伊凡雷帝长子（皇太子）伊万·伊万诺维奇（Иван Иванович，1554～1581）所有。彼得大帝之前，俄国在日常生活中使用木制和陶制器皿，金属器较少见，而瓷器则非常珍贵。

① 见《Челобитная А. М. Владыкина：к истории создания русского фарфора》。

② 冯玉军：《臆想中的鞑靼之轭：蒙古帝国对俄影响再考》，《世界知识》2020 年第 5 期。

③ Трощинская А. В.，*Китайский фарфор в допетровской Руси：на пересечении культур Востока и Запада*，Труды Исторического факультета Санкт – Петербургского университета，выпуск 16，2013. С. 246 – 269.

当时瓷器不是必需品，传统家庭也不用瓷砖装饰壁炉。这时俄国还不知道茶，当中国瓷器和茶一起出现时，立即成为 17 世纪末的西方时尚。随着彼得大帝改革，俄国追随西方出现"中国热"，中国瓷器自然倍受喜爱①。仅 1699 年俄国对中国瓷器订购的最大订单，数量就有 500 多件，这些瓷器经 "Apostle Peter" 号船运载至俄后放置于彼得夏宫玛丽厅，遗憾的是，现在这些瓷器大部分已经下落不明②。

为了和中国发展贸易关系，彼得大帝向中国频繁派出使团、商队，其中商务代表洛伦茨·朗克（Лоренц Ланг，1690～1752）多次到北京。他给沙皇带回许多中国传统艺术品，其中的瓷壁炉让彼得大帝非常满意③。这些艺术品为俄国建立于 1714 年的第一个国家博物馆——珍宝馆（Кунсткамера，Kuntskamera）奠定了中国藏品基础。随着需求的增长，彼得大帝希望在俄国生产瓷器。为此他还花大价钱在中国订制双头鹰纹章瓷药瓶和餐具，用米做实验，试图揭示瓷器的秘密④。

科学家罗蒙诺索夫（Михаи́л Васи́льевич Ломоно́сов，1711～1765）被誉为俄国科学史上的彼得大帝。他曾在自己的化学实验室尝试烧制瓷器，但效果不尽人意。在 1752 年他创作的一首题为《玻璃之妙》（Письмо о пользе Стекла）的诗中对玻璃的奇妙之处大加赞颂，认为世界上只有中国人制造的瓷器可以与之媲美：

> 中国人的想法令人称奇，
>
> 用土制造器皿代替玻璃，
>
> 他们将沉重的秃岭荒山，
>
> 用技艺变成美丽的瓷器。
>
> 她令其他民族心驰神往，

① Трощинская. А. В. *Китайский фарфор в допетровской руси：на пересечении культур востока и запата* . ТрудыИсторическогофакультетаСанкт－Петербургскогоуниверситета. 2013. с 246－269.

② Tatiana B. Arapova. *Chinese and Japenese Porcelain in St Petersburg's Palaces in the 18th and 19th centuries* collections and their *collectors*，p12.

③ Электронная библиотека Музея антропологии и этнографии им. Петра Великого（Кунсткамера）РАН. http：//www. kunstkamera. ru/lib/rubrikator/08/08_ 02/978－5－88431－325－5/.

④ *Императорский фарфоровый завод* 1744－1904 гг. （Приложения，с. 4－5，док. № 5）СПб. 1906.

不顾狂风巨浪跨海越洋。①

这或许是罗蒙诺索夫作品中唯一一处对中国的赞誉之辞。从这首诗可以看出，罗蒙诺索夫对中国人民在制造瓷器方面所表现出的聪明才智钦佩不已，同时也可以看出中国瓷器对欧洲所产生的巨大魅力②。

三 获取"中国瓷器秘密"情报行动

中国制瓷的秘密，是合理的比例配置瓷石与高岭土，加之特殊的烧制方法，一直都秘不外传。女皇伊丽莎白·彼得罗芙娜（Елизавета Петровна，1709～1761）登上皇位以后，继续彼得大帝时期的政策，获取"中国瓷器秘密"是一项重要的国家任务。1746 年 10 月 17 日，俄国第五商队总管莱布拉托夫斯基（Г. К. Лебратовский）从伊尔库茨克发文给女皇，明确写有"关于打探中国瓷器秘密的情况汇报"③。

自 1715 年起，俄国东正教传教团正式驻京，商队开始来华贸易。俄国政府把传教团当成其安插在北京宫廷的使馆，对传教并不重视，传教团的主要成就是把中国的知识传播到俄国，并培养了一批汉学家。因此，执行"中国瓷器秘密"计划的间谍便隐匿于传教团和商队中，往来于中俄两国之间。

1725 年，俄国派萨瓦（С. В. Рагузинский，1669～1738）使团访华，该使团签订了《恰克图条约》，从而奠定了中俄两国在喀尔喀蒙古地区边界稳定的外交关系的基础，保障了俄罗斯东正教驻北京使团的官方地位。由此在两国边界建立汇集中俄商人的恰克图－买卖城贸易专门区。其中有位叫米业尼斯科夫的银匠（О. С. Мясников）作为此次使团成员一起到北京打探瓷器情报。1739 年，政府再次派米亚尼斯科夫随俄国第四商队到北京学习艺术和科学。在京期间他购买古玩，学习了铜、瓷器和玉器的制作技术。1739 年 11 月，俄参议院下令商队从资金中抽取 300 卢布用于米亚尼斯科

---

① Ломоносов М. В. Полное собрание сочинений Т 8 : Поэзия, ораторская проза, надписи, 1732 - 1764 [М]. М. ; Л., 1959.

② 阎国栋：《十八世纪俄国文化精英眼中的中国》，《中国社会科学报》2013 年 4 月 17 日。

③ Императорский фарфоровый завод 1744 - 1904 гг（Приложения，с. 4 - 5，док. № 5）СПб. 1906.

夫在中国研究和搜集有用的东西①。1743 年，米亚尼斯科夫在密报中称他未能完成任务，并指责时任第四商队总管菲尔索夫（Ерофея Васильевича Фирсова）没有拨给他购买瓷器秘方的资金②。米亚尼斯科夫在密报中还提到，他到中国学习用金属修复瓷器的技术，但他对瓷器上釉也有很大兴趣③。以上档案说明，米亚尼斯科夫就是以银匠身份被派往中国搜集瓷器情报的间谍。

继第四商队之后，第五商队继续执行"中国瓷器秘密"的任务。主管莱布拉托夫斯基在密报中说，尽管银匠米亚尼斯科夫多次到过中国，但是并没有学会这种技术。为了完成计划，莱布拉托夫斯基在恰克图又找了一位已经在尝试独立烧制瓷器的银匠，叫库尔辛（Андрей Курсин），并从商队的款项中支出一大笔钱用于执行这项任务。库尔辛曾在 1740 年初于恰克图布雷伊河地区找到白色黏土和其他材料，制作了类似瓷器片状的东西，没有上釉，因为他还不知道瓷器制造的秘密④。库尔辛随商队抵京后，北京传教团随团学生阿列克谢·弗拉德金（А. М. Владыкин）和伊万·贝科夫（Иван Быков）把清宫造办处的瓷器师傅介绍给库尔辛，弗拉德金称这位师傅是由他在国子监的老师所引荐。他们多次一起前往距北京 35 俄里的地方，秘密演示烧制瓷器的技艺和配方。库尔辛学会之后，按照协议给中国师傅提供的"服务"支付了 3286 卢布 10 戈比。库尔辛拿到了瓷土配方，瓷厂的平面图，燃烧炉和材料样品之后，他回国尝试用西伯利亚瓷土烧制俄罗斯瓷器⑤。显然，在执行"中国瓷器秘密"任务中库尔辛是一名较为成功的间谍。

但执行任务的关键人物其实是一直潜伏在北京的留华学生。自 1727 年起，俄政府就开始派学生随传教团来华学习汉语、满语。上面提到的弗拉德金和贝科夫就是 1732 年增派来华的第二届传教团的随团学生。1732 年，俄国商队代表兰格（郎克）在北京已经居住了五个月零七天。离开北京时，他带走了在华的两名学生即伊万·普霍尔特和费多特·特列季雅科夫，他两人的遗缺由两名莫斯科贵族学生，即伊

①　РГАДА. Ф. 248. Кн. 183. Ч. 1. Л. 206 – 214 об.

②　Императорский фарфоровый завод 1906：4 – 6, 20.

③　Болотина Н. Ю.《Еду я для торговаго своего промыслу》. Китайские товары в России в XVIII в. // Исторический архив, № 4, 2006, с. 196 – 198.

④　Душкин Юрий, Курсины в Иркутске, Земля Иркутская, журнал 1996. № 5. С. 13 – 15.

⑤　Императорский фарфоровый завод. 1744 – 1904. – СПб., 1906. – С. 4 – 6.

万·贝科夫和阿列克谢·弗拉德金替补①。1746 年 3 月至 5 月，在俄国商队主管莱布拉托夫斯基和清朝官员关于传教团换班一事艰难而漫长的谈判期间，弗拉德金曾担任翻译工作②。肖玉秋在《1864 年以前的俄国来华留学生》一文中也提到，"罗索欣、阿·弗拉德金和阿·列昂季耶夫还做了内阁俄罗斯文馆的俄文教习，并到理藩院当通事，翻译中俄政府间往来档"③。可见弗拉德金在理藩院工作过，这一特殊身份便于其为俄商队和使团查探清政府信息，为执行"中国瓷器秘密"任务提供有利条件。

为获取中国瓷器秘密，弗拉德金和贝科夫在中国潜伏 15 年之久，直到 1746 年，在女皇派出的第五批商队返回莫斯科之前，经中国理藩院同意，两人同商队一道返俄。在华期间他们利用获得的通晓满汉语言特长，在搜集有关瓷器信息方面做了很多工作，包括上文提到的米亚尼斯科夫和库尔辛在中国所进行的商业间谍活动，他们都提供了帮助。

"商队总管决定带领他俩回国时因为他们向领队提供了一些相当重要的秘密情报，这些情报对俄罗斯帝国非常有利（但究竟是什么秘密情报，档案中没有记载）。"④ 文中说的秘密情报，就是指弗拉德金和贝科夫获取的中国瓷器秘密情报⑤。

其实在 1742 年第四商队来华时，弗拉德金就试图随商队回国，但清政府没有同意。"可以肯定的信息是，弗拉德金当时非常担心中国人知道他在瓷器方面做的事情。他谨慎地告知了第四商队总管菲尔索夫真正原因，同时，他还得到贝科夫的协助。但这些都没有帮他们在 1742 年离开，他们不得不在北京又多住了 4 年。幸运的是，这种焦虑被证明是自寻烦恼的，中国人从来就没有怀疑过他。1745 年 11 月 27 日，第五商队终于来了。总管莱布拉托夫斯基轻易地就从中国皇帝那里拿到允许弗

---

① ［俄］尼古拉·班蒂什－卡缅斯基编著，中国人民大学俄语教研室译：《俄中两国外交文献汇编（1619～1792）》，商务印书馆，1982 年，第 227 页。

② Энциклопедический словарь Брокгауза и Ефрона 1892，т. 6а：664；Скачков 1977：40，63.

③ 肖玉秋：《1864 年以前的俄国来华留学生》，《历史档案》2007 年第 1 期。

④ ［俄］尼古拉·班蒂什－卡缅斯基编著，中国人民大学俄语教研室译：《俄中两国外交文献汇编（1619～1792）》，第 285 页。

⑤ Документ хранится в РГАДА，в фонде Сената（№248，оп. 113，д 968，л. 17—18）.

拉德金和贝科夫二人回国的许可（1746 年 5 月 23 日），6 月 6 日他们离开北京。"①

据皮萨连科（К. А. Писаренко）推测："1741 年，当时景德镇督陶官唐英刚完成一部关于制瓷详细工艺的著作。那么作为理藩院翻译的弗拉德金有没有可能认识唐英或者与此相关的人？然后把书整本或者部分复制了？"② 就是说弗拉德金可能在得到唐英书之后，怕事情泄露，所以在 1742 年时着急回国。

弗拉德金出身奔萨省贵族家庭，他和贝科夫都曾在彼得大帝创建的航海学校学习。在完成"中国瓷器秘密"任务之后，他们受到女皇奖励并升职。1753～1756 年，弗拉德金作为第六商队总管重返北京，但他的中国之行并不顺利，由于他本人行为不当，他被清政府禁止入境，成为不受欢迎的人③。

尽管不受清政府待见，弗拉德金仍然不忘使命搜集情报。1755 年，弗拉德金返回俄国后向枢密院提交了一幅中国分省图和一张平面图，同时汇报说这些地图都是他从皇家藏书阁拿出来描摹的，共花费了 1500 银卢布。

四 俄国皇家瓷厂创立

俄国皇家瓷厂创立之前，欧洲已经有两家瓷厂。其中创建于 1710 年的德国梅森是欧洲的第一家瓷厂。很快奥地利情报人员从梅森获得了当时被视为重要情报的瓷器制造秘密，并通过外交途径挖走了梅森部分手工艺人，1718 年，欧洲第二家瓷厂——维也纳瓷厂诞生。在此背景之下，加之在中国多年执行"中国瓷器秘密"计划，女皇认为建立俄国瓷厂的条件已经具备，便开始着手创立俄罗斯自己的制瓷工厂。首先，任内阁秘书切尔卡索夫（Иван Антонович Черкаасов，1692～1758）协调专家和瓷厂，并负责向女皇汇报。其次，组建专家研发团队。聘任德国梅森瓷厂克里斯托夫·洪格（Гунгер，Христофор Конрад）和本国化学家维诺格拉多夫

---

① Документ хранится в РГАДА，в фонде Сената（№248，оп. 113，д 968，л. 17—18）.

② Писаренко，Константин Анатольевич，Челобитная А. М. Владыкина：к истории создания русского фарфора，（Вып 19）：Российский архив. История Отечества в свидетельствах и документах XVIII – XX вв. 2010. С. 26 – 40.

③ ［俄］尼古拉·班蒂什-卡缅斯基编著，中国人民大学俄语教研室译：《俄中两国外交文献汇编（1619～1792 年)》，第 295 页。

（Дмитрий Иванович Виноградов，1720～1758）负责研发瓷器。最后，把从北京回来的情报人员派到瓷厂做顾问，发挥其作用。

从专家队伍来看，洪格虽有在梅森工作经验，还曾和德国瓷器创始人伯特格尔（Иоганн Фридрих Бёттгер，1682～1719）一起共事，但他很快就辜负了俄国政府的期望，他的知识哪怕梅森瓷器的复制品都做不出来，不久就被赶出了俄国。希望寄托在维诺格拉多夫身上，他生于莫斯科附近的苏兹达里，牧师之子，十二岁起在莫斯科斯拉夫希腊拉丁学院学习。1736 年，作为毕业生中佼佼者，被选入俄罗斯圣彼得堡国家科学院学习，同年夏天，他与罗蒙诺索夫一起被派往德国马尔堡大学学习物理学和化学，之后在德国弗莱堡学习矿业和冶金学，最终维诺格拉多夫成为"俄国瓷器之父"，其贡献和地位如同威基伍德之于英国制瓷业，伯特格尔之于德国。

1744 年，女皇委派维诺格拉多夫参与瓷厂筹备工作，1745 年，他和洪格开始进行实验，到 1747 年，维诺格拉多夫经过多次反复实验，终于在失败中摸索出烧造瓷器的方法，他已经能分辨出做瓷器最重要的配方——高岭土、石英、长石，并且确定了俄国制瓷原料最好的产地——格热里、奥拉涅茨、喀山。就在那年，他甚至呈给了女皇第一批烧制好的小型瓷器。

那么，他是如何用这么短时间就掌握了中国和欧洲都严格保密的瓷器工艺呢？据皮萨连科考证，这与弗拉德金在中国进行的情报工作密切相关[1]。

"为什么俄国科学家能够在不到一年的时间就能烧制瓷器成功呢？连洪格的老师伯特格尔都用了几年才研制成功。从所有方面判断，能够帮助缩短研制时间的信息只能从外部获得，不是从德国梅森，就是从中国。因此，信息只能是从中国来的，因为当时莱布拉托夫斯基率领的第五商队正好从北京回来。"[2] 的确，弗拉德金、贝科夫和库尔辛等人都是随第五商队回来的。1746 年 10 月 6 日，商队到达伊尔库茨克。1747 年 5 月，库尔辛到圣彼得堡后，用取自普尔科沃附近的黏土进行实验，没

---

[1]　Писаренко，Константин Анатольевич，*Челобитная А М Владыкина：к истории создания русского фарфора*，（Вып 19）：Российский архив. История Отечества в свидетельствах и документах XVIII – XX вв. 2010. С. 26 – 40.

[2]　同上。

有获得成功。同时库尔辛提出，中国师傅给出的配方和烧制炉子是错误的[1]。1747 年
7 月 13 日，库尔辛出现在瓷厂[2]。显然，库尔辛的到来是为了发挥其技术顾问作用，
让他向维诺格拉多夫解释制瓷配方不明白的地方。

由于库尔辛的实验不成功，1748 年从 3 月至 7 月，女皇派弗拉德金到普尔科沃
瓷厂工作，回来之后获得了上尉头衔（相当于 9 级，之前是 14 级）。1753 年 2 月 20
日，女皇下令任命弗拉德金为第六商队总管。"'京师互市'是《尼布楚条约》签订
后持续 60 余年的中俄贸易的重要形式，商队总管之职自然备受关注。"[3] 弗拉德金为
俄罗斯创立瓷厂立下了汗马功劳，也受到女皇重赏。

由于弗拉德金和库尔辛的情报，维诺格拉多夫显著缩短了瓷器研制时间。但是，
在评定维诺格拉多夫对俄罗斯制瓷业贡献时存在明显分歧和争议，虽然有内阁秘书
切尔卡索夫的支持，但维诺格拉多夫最终未能获得升职。之后他陷入抑郁之中，沉
迷于酗酒不能自拔。1758 年 8 月 25 日，年仅 38 岁的维诺格拉多夫去世，仍是采矿工
程师的头衔，这和"俄国瓷器之父"的光环极不相称。

五 小结

俄国在彼得大帝时就拥有庞大的间谍网络，在与中国交往中，派情报人员到中
国获取信息，用于国家建设。其中瓷器工业间谍在华潜伏时间达 15 年之久，这些
"中国通"们以他们的聪明才智书写着历史，其作用有时会改变整个国家的命运，甚
至影响历史进程。

从全球一体化大视野上看，18 世纪，正是东西方文化打破隔绝，西方主动认
识中国并交流对话的阶段。在这一过程中，俄国采取和法国类似的方式在中国获
取工业情报，但其表现方式更隐蔽，甚至已深入宫廷内部。从历史中沉淀下来的
一些蛛丝马迹中，看出清政府对此茫然无知、疏于防范，这和社会经济制度及间
谍情报观念差距密切相关，反映出清朝盛世局面下隐藏着危机，各种衰败之象已

---

[1] Душкин Юрий，Курсины в Иркутске，Земля Иркутская，журнал 1996. № 5. C. 13 – 15.

[2] РГАДА，ф. 1239，оп. 3，д. 52383，л. 77.

[3] 肖玉秋：《1864 年以前的俄国来华留学生》，《历史档案》2007 年第 1 期。

经逐步显露出来。

无论如何，这是中俄物质文化交流史上值得关注的一部分。也正因如此，中国物质文化被交流、介绍给俄国，引发 18 世纪"中国风"热潮，中国文化、思想与艺术得以在世界范围内广泛传播。

相关档存于 РГАДА，在枢密院存档中，摘录如下。

от 28 июля 1747 г.

《 § 4. Бывшаго в Пекине и прибывшаго сюда при Китайском караване прапорщика Алексея Владыкина, коего повелено иметь в ведомстве Собственной канцелярии, призвав во оную канцелярию, означенное Ея Императорскаго Величества высочайшее повеление ему объявить с подпискою в слышании. А прежде сего учинить осведомление, где он ныне состоит в команде, и от толь по порядку требовать》.

（РГАДА, ф. 1239, оп. 3, д. 44092, л. 163, 163 об. ）

1748

от 16 марта

《 § 10. Полученной ис Правительствующаго Сената указ о присланном при нем в Собственную канцелярию для некотораго по имянному Ея Императорскаго Величества указу нужного исправления на время находившемся при Правительствующем Сенате бывшем в Пеки - не манжурского и китайского языков ученике прапорщичья ранга Алексее Владыкине иметь с протчими таковыми ж указы, а в повытье дать копию. И о получении репортовать. А ко оному прапорщику Владыкину писать ордером.

Прошлого 1747 – го году объявлял он советнику Замятнину

1. В бытность ево в Пекине чрез осмнатцать лет обучился манжурского и китайского языков.

2. Там же будучи дело фарфоровой посуды видел и достаточно сам познал.

3. Которой ныне в Пулкове обретаетца ученик Курсин, того он фарфоровому

делу обучал, и он достаточно понял. Толко как глянцовать и золото наводить, того он ему не показывал, и он не знает.

4. К фарфоровому делу потребная материя может найтись в российской империи.

5. Ис какой матери［и］ныне в Пулкове фарфор делается, та во оное дело неспособна, ибо в совершенную зрелость не пришла. И так оное дело бесполезно. А понеже имянным Ея Императорскаго Величества указом повелено иметь ево, Владыкина, в ведомстве Собственной вотчинной канцелярии, для чего он требован присылкою от Правителствующаго Сената, по которому требованию во оную канцелярию и прислан, того ради требовать от него уведомления о следующем:

1. На фарфоровое дело потребную, материю где он уповает достать.

2. Ко изысканию ее кто ему потребен.

3. К начатию хотя малой пробы для усмотрения, что чего ему будет надобно и где оное дело за удобнее производить》.

（РГАДА, ф. 1239, оп. 3, д. 44100, л. 101, 104 об. – 105 об. ）

от 3 июня 1748 г.

《 § 37. По доношению на имя советника Замятнина от бывшаго в Пекине прапорщика Владыкина о знаемости им делания фарфоровой посуды и матерей, ис каковых в Китаях такая посуда делается, и о имеемой надежде к сысканию и получению оных для фарфору матерей в Ыркуцких пределах, кои х китайскому государству ближе состоят, и что к тому изысканию и начатию пробы потребно людей и денежной казны доложить Ея Императорскому Величеству》.

（РГАДА, ф. 1239, оп. 3, д. 44103, л. 17, 32 об. ）

от 26 июля 1748 г.

《 § 32. Бывшаго в Пекине прапорщика Владыкина, которой по требованию Собственной канцелярии прислан при указе от Правителствующаго Сената для некоторого по имянному Ея Императорскаго Величества указу исправления, отослать обратно в Правительствующий Сенат при доношении, ибо до него дела не имеетца》.

（РГАДА, ф. 1239, оп. 3, д. 44104, л. 171, 185, 185 об. ）

第五章　俄罗斯瓷器的中国元素

　　俄罗斯宫廷制瓷厂在其制造之初，有一类中国情趣瓷器非常引人注目。何为"中国情趣"？俄语称 Китайщина，是来自法语的 шинуазри（Chinoiserie），指非中国制造但具有中国情趣的建筑和室内装饰品。中文译为"中国风"或"中国情趣"。"中国情趣"瓷器或其他室内装饰艺术品最初是受 18 世纪欧洲，尤其是法国掀起"中国热"影响，中国瓷器不仅出现在宫廷，而且是备受当时欧洲权贵甚至普通人追捧的流行时尚。俄罗斯自彼得大帝时开始，就以欧洲为时尚典范，向往受中国影响的德国梅森瓷器。另一方面，随着中俄《尼布楚条约》的签订，两国贸易、外交往来升温，俄罗斯宫廷制瓷厂也在中国瓷器影响下开始研制生产。俄罗斯宫廷制瓷厂始建于 18 世纪中期，是欧洲第三大瓷厂。瓷器作为室内重要陈设品，因其始创阶段与中国有重要联系而引起笔者关注，本章的研究对象是俄罗斯宫廷制瓷厂生产的具有中国情趣的瓷器。这样的瓷器不仅记录了制造它的 18 世纪的俄国，也留下了中国文明的痕迹。

一　18 世纪席卷俄罗斯的"中国热"

　　中世纪以后，法国逐渐成为欧洲的文化中心。在路易十四、十五执政时期，法国东印度公司"Amphitrite"号享有盛名，"这艘法国巨舶把大量中国瓷器、漆器、硬木家具、丝锦等著名手工艺品和生丝原料运到法国，将法国的毛织物、装置八音盒的自鸣钟、葡萄酒等运到我国，成为世界文化史上 18 世纪中外文化交流的一件大事"①。中国的瓷器、漆器运抵法国后，被一抢而空，其受欢迎程度可想而知。

---

① 朱培初：《明清陶瓷和世界文化的交流》，轻工业出版社，1984 年，第 60～61 页。

俄国自彼得大帝亲政以来，实行欧化政策，尤其对法国文化情有独钟，上流社会以讲法语、着法国服饰为荣。而当时法国正盛行"中国热"的流行时尚，从宫廷到贵族，甚至普通民众。受此影响，这股"中国热"自然到了俄国。

彼得一世一方面通过席卷欧洲的"中国热"认识中国，另一方面彼得大帝非常重视与中国的商贸关系，甚至不惜在中俄礼仪之争上做出让步来换取贸易上的特权。"为了对抗俄国人，中国掌握了一项足以打击敌人弱点的武器，那就是收回给与俄国的各种商业上的特权。"① 此时大量中国商品开始进入俄国，中国商品不仅带去中国特点的艺术审美，更为重要的是，这些商品让中国形象在俄罗斯逐渐清晰起来。中国瓷器是俄罗斯乃至整个欧洲最受欢迎的商品之一。较之丝绸和茶叶，瓷器能够承载更多神秘东方尤其来自中国的具象信息。如果说茶叶改变欧洲和俄国人的传统生活习惯，带去了茶文化，那么瓷器则直接带去了中国形象。瓷器上的纹饰不但有中国的山川河流、城市乡村、人物、动植物图像，还有精神信仰、神话传说，其内容包罗万象，瓷器是向外传播中国文化的重要载体。

彼得大帝钟爱中国瓷器。最初，他通过欧洲购买中国瓷器装饰宫廷，之后通过荷兰东印度公司购买，最大的订单于1699年订购，当时运载这批货物的船名叫"Apostle Peter"，订购瓷器数量有500多件，这些瓷器被放在彼得夏宫玛丽厅，遗憾的是，现在这些瓷器大部分下落不明②。彼得大帝个人收藏的纹章瓷药瓶和他卧室里摆放的中国杯子都是当时中国的外销瓷。例如纹章瓷药瓶，上面既有俄国国徽的纹饰，又包含了开光、变形如意纹等中国元素。中国瓷器一直很受彼得大帝喜爱，并一直被珍藏保留于身边。

此时，欧洲已经有两家瓷厂，第一家是德国梅森于1710年开办的瓷器制造厂。随后，奥地利情报人员通过外交途径挖走了一些梅森的手工艺人，获得了当时被视为重要的商业秘密的瓷土配方，因此出现了欧洲第二家瓷厂，建于1718年的维也纳陶瓷工厂。这样大背景下，加之彼得大帝对瓷的热爱，不可能不考虑建立一家自

---

① ［法］加斯东·加恩著，江载华、郑永泰译：《彼得大帝时期的俄中关系史》，商务印书馆，1980年，第5页。

② Tatiana B. Arapova，*Chinese and Japanese Porcelain in St Petersburg's Palaces in the 18th and 19th centuries collections and their collectors*，p12.

己的瓷厂，但是因为瓷土配方在俄罗斯还是未解之谜，不具备烧造瓷器的条件。因此，彼得大帝时期就派驻华传教团居留北京，传教团的传教工作并不积极，其实他们所肩负的获取各方面情报包括瓷器秘密的使命在当时并不为人知，这项任务经历十几年的努力，在女皇伊丽莎白一世时期得以实现。

二　初创时期的"中国情趣"瓷器

伊丽莎白一世时期，宫廷制瓷厂一方面未能摆脱中国瓷器影响，创烧之初为中国瓷器纹饰造型的简单复制，复制对象一般就是来自中国的外销瓷。"外销瓷，是中国瓷器的'异域之花'，产自国内，留名海外，遍藏西方各大博物馆，颇具时代色彩和中西文化交流的特征。"① 另一方面受法国蓬巴杜夫人引领的"洛可可"艺术风格的影响，崇尚奢华。而"洛可可"艺术源于法国，但受到中国的影响极大，并逐渐与中国特征和情趣相融合。其表现形式是中国情趣上加入华丽、精致、细腻、烦琐的装饰，追求精致典雅，甜腻温柔；在构图上有意强调不对称；色彩上明快，如蓝色、绿色、粉色等，线条多用金饰。由于俄罗斯宫廷制瓷厂出现较晚，同时受烧造技术、绘画水平和造型限制，虽然在当时生产的瓷器带有"洛可可"烦琐和追求奢华的痕迹，但是整体风格趋于更简洁和自然，器形和纹饰比梅森瓷器简单得多，以下呈现的伊丽莎白一世时期宫廷制瓷坊初创阶段生产的瓷器，中国情趣略见一斑。

（一）彩绘叭儿狗鼻烟盒

18 世纪，正值"中国热"广泛传播到欧洲和俄罗斯，而被鲁迅称为中国特产的叭儿狗在欧洲宫廷备受宠爱，以叭儿狗为主题的作品在艺术界非常流行，不仅出现了大量叭儿狗绘画和雕塑作品，而且也出现在瓷器创作上。叭儿狗的故乡是中国，自 16 世纪随荷兰东印度公司的商船被运到荷兰，叭儿狗到了荷兰之后以其独特的外貌、充满活力和滑稽可笑的表情立刻得到宫廷贵族青睐。据说，荷兰和西班牙发生战争时，一只名叫"庞贝"的叭儿狗成功救了自己主人威廉王子的命，成为家喻户晓的英雄。随后，17、18 世纪叭儿狗逐渐风行欧洲，从君主到贵族甚至普通人都喜

---

① 杨桂梅：《以瓷为媒的中西文化交流》，《收藏家》2012 年第 8 期。

爱叭儿狗，并以拥有它为荣耀。不难想象，此时为伊丽莎白女皇时期，正值崇尚欧洲"中国热"，因此叭儿狗在俄罗斯一样受宠。

彩绘叭儿狗鼻烟盒（图5.1、5.2），制作鼻烟盒是为了防止烟草水分蒸发，鼻烟盒在这个时期非常流行，之后也对中国的鼻烟壶生产有直接影响。这件作品由化学家德米特里·维诺格拉多夫于1752年制作，尺寸为4.7×7.8×6.1厘米，上面叭儿狗的写生彩画由画家安德烈·乔尔内绘制。由于是宫廷制瓷厂的初创阶段作品，受窑炉条件限制仅能烧造小件器物，绘画水平也不成熟，叭儿狗比较矮，腿粗短，这里能明显看出叭儿狗的身体和腿的比例不协调。维诺格拉多夫领导的瓷厂，其本人是化学家，更多时间花在实验室里做陶瓷实验。因此这一时期维诺格拉多夫对绘画关注不多，很多作品是直接复制来自中国和梅森瓷厂瓷器样品。但是宫廷制瓷厂以精细的瓷土制作并饰以黄金、不同颜色的釉彩，看起来仍显富贵奢华。在当时，每一件鼻烟盒都是独一无二的奢侈品。

图5.1 彩绘叭儿狗鼻烟盒外部图①

① 上海博物馆：《北方之星：叶卡捷琳娜二世与俄罗斯帝国的黄金时代》，东方出版中心，2010年，第90页。

（二）行猎休憩图鼻烟盒

行猎休憩图鼻烟盒（图5.3），制作于1760年，现藏于艾尔米塔什博物馆。高6厘米，长8.2厘米，宽4.9厘米，鼻烟盒白底，口沿处嵌金口，金口上雕饰卷叶纹。上绘林间景色，人物均梳清代金钱鼠尾辫，一人吸烟，一人喝茶，另外一人立于树旁，右手拿弓，左手提盾，背后置箭，是描绘行猎时休息的场景。该画应是以中国绘画为底稿复制，但画法夸张，整体色彩偏浓烈，在造型和寓意上和中国瓷器都相去甚远。

图5.2　鼻烟盒内部图[①]

图5.3　行猎休憩图鼻烟盒[②]

[①] 上海博物馆：《北方之星：叶卡捷琳娜二世与俄罗斯帝国的黄金时代》，东方出版中心，2010年，第90页。

[②] http：//www. hermitagemuseum. org/wps/portal/hermitage/digital – collection/10. + porcelain% 2c + faience% 2c + ceramics/909659.

（三）婴戏图壶、杯和盘

婴戏图壶、杯和盘（图5.4），宫廷制瓷坊在创烧之初，主要是对中国瓷器的仿制。该瓷器是在窑炉改造之后，能够烧制稍大器形瓷器的作品。画面上绘制的婴戏图，是中国传统纹饰。孩童在园景中有的抽陀螺，有的吹号，有的燃放爆竹，表现儿童嬉戏、玩耍的画面。婴戏图始见于中国唐代长沙窑，至宋、金时期磁州窑枕面上多见。唐、宋、金瓷器上的婴戏图主要反映民间生活场景，人物、动作、场景单一，系民窑产品。明代这种喜闻乐见的纹饰被官窑瓷器吸收采纳，将表现人物与场景扩大，发展至清代逐步成为官窑瓷器上的一种程式化的象征图案，寓意喜庆太平。

该套"中国情趣"系列瓷器在绘画上追求形似，画面是单一色纹饰，内容相对简单。为彰显宫廷华丽风格，普遍使用金彩，金彩是由宫廷提供的金币加工制作而成。伊丽莎白一世时期的宫廷制瓷坊尚处于初创阶段，以烧造小器型器物为主，造型和纹饰上因水平所限追求简单，虽然经过窑炉改进开始制作大型瓷器，但在烧造技术、特别是绘画及造型工艺方面都有待改进。中国情趣瓷器以复制为主，没有创新。

图5.4　婴戏图壶、杯和盘（拍摄于圣彼得堡艾尔米塔什博物馆）

此外，鼻烟于明末清初传入我国，清代逐渐流行，成为社会时尚。欧洲鼻烟一般经中国粤海关转贡皇室，亦有部分由西洋传教士带进京贡进给皇帝。这对中国的鼻烟壶生产有直接影响。

三　"中国情趣"的创新和鼎盛时期

在 18 世纪的俄罗斯历史中，女皇叶卡捷琳娜二世（1762～1796 年）占有非常重要地位，而且叶卡捷琳娜二世是唯一能与彼得大帝的丰功伟绩相提并论的统治者、杰出的政治家。法国的启蒙思想家伏尔泰、狄德罗在叶卡捷琳娜二世统治时期备受推崇，伏尔泰对中国的伦理道德、治国理政方面热情颂扬。这个时期，驻华传教士的书信也被公开出版，很多的中国儒家经典被他们直接介绍到俄国。女皇统治期间，获取了大批东方领土，同时也汲取东方哲学思想，以东方文化丰富俄罗斯文化宝库。由于女皇的推崇，她统治时期也迎来俄罗斯宫廷制瓷厂"中国情趣"的鼎盛时期，并让生产满足全国用瓷。圣彼得堡科学院院士乔治于 1794 年在自己义章中就提到宫廷制瓷厂生产的瓷器，他说"现在的瓷器不仅在瓷胎纯度，还在造型和纹饰及绘画方面，均获得了极高的艺术价值。那时街道上瓷器商店鳞次栉比，店内顶级艺术精品可谓琳琅满目"①。

俄国瓷器诞生虽然比梅森瓷器晚了几十年，但其取自本国的瓷土与中国高岭土成分非常接近，质地并不逊于早就闻名于世的德国梅森瓷器。又由于历代沙皇坚持不懈支持宫廷制瓷厂，不惜成本请艺术界名师大家参与其中，不满足简单复制中国瓷器，同时追求品质，注重创新和艺术水平提高，宫廷制瓷厂在欧洲强手如林的瓷器中独树一帜，一直位居欧洲高端名瓷之列，而带有中国情趣的瓷器在这一时期同时得到精彩呈现。

（一）巴比贡餐具系列"中国村"的餐碟

巴比贡餐具系列"中国村"的餐碟（图 5.5），宫廷制瓷厂于 1823～1824 年制作，现藏于皇村。巴比贡餐具系列是为圣彼得堡西南面的彼得宫而制，总数约 1500 件。至 1838 年，餐具总数增加了一倍，部分后来被运往皇村。至 1857 年，另一部分餐具则被运送到巴比贡山上，此餐具系列因此得名。每当皇宫举行宴会或酒会时，都会使用这套餐具，直到末代沙皇尼古拉二世时期，餐具仍有增补。该盘是描绘位于亚历山大庭园的

---

① Императорский Фарфор（1744—2009），издательство《Санкт‑Петербург Оркестр》，Санкт‑Петербург 2009. С. 38.

"中国村"，是由一个八角宫殿和围绕它的中式小屋组成的建筑群。盘敞口，浅弧腹，口沿处描金装饰，盘边在灰色背景上饰以常春藤描金花环图案，内围绕描金装饰几何图案，中央绘以俄罗斯自然景观与中国式建筑。该器物造型规整，纹饰华美。这个时期是亚历山大一世统治时期，黄金已成为重要的装饰材料之一。

图5.5 巴比贡餐具系列"中国村"餐碟①

盘中心绘制的"中国风"式建筑群，是叶卡捷琳娜二世时期于1780年所建。当时具有中国元素的建筑物在德国和瑞典已经存在，俄国主要集中在当时都城圣彼得堡皇村。建筑的监督和设计是著名建筑师卡梅隆，最初只建了十栋房屋，没有走廊，八角宫殿是后来加上去的。在屋顶上有龙形雕塑，非常吸引人。虽然在布局、结构上和中国传统建筑差异很大，但有明显的中国情调。今天看到的就是按照当时的绘图所修复的样子。

（二）中式图像茶杯及茶碟

中式图像茶杯及茶碟（图5.6），制作于1832～1839年间，茶杯高10厘米，直径9厘米；茶碟高3.5厘米，直径15厘米，现藏于皇村。当时欧洲普遍流行复古，在美术和建筑范畴上呈现古典主义和新哥德式风格，这亦带动在装饰艺术上追捧外来的东方风格。瓷器作品上的彩绘图案，灵感实来自"中国风"场景、异国景物和东方建筑。这套茶具饰以金框围绕的中国男性人像，着装颜色艳丽，有的明显是女人的裙子款式，但男子发式又和中国古代男子有几分类似，让人觉得滑稽可笑。构图上多处使用金彩开光纹饰与植物图案相结合，追求装饰性，同时迎合俄罗斯人的审美品位。而金色回纹的使用，让这套色彩丰富的中国风茶具增添了几分中国格调。

图 5.6　中式图像茶杯及茶碟①

（三）中式卡索灯

中式卡索灯（图 5.7），制作于 1840 年，器通高 35 厘米，宽 15 厘米，深 15 厘米，现藏于皇村。卡索灯是法国钟表匠伯纳德·吉约姆·卡索在 1800 年的发明，堪称 19 世纪上半叶的创意科技产品。卡索灯是照明设备，底座的发条装置会把燃料泵进灯芯，使灯芯发光，并可调节光的明暗。这支装有卡索灯头的立灯，原是一对，陈列在皇村的中国厅内，属 19 世纪中叶俄罗斯盛行"中国风"时期的制品。这件灯具是由圣彼得堡铜器大师菲利克斯·萧大约于 1840 年设计。卡索灯的瓷器部分由宫廷制瓷厂生产，上面的纹样大致模仿中国瓷器真品的图案来绘制。瓷器部分先高温烧制瓷胎，在上绘五彩，再入炉低温烧制而成。中心开光部分园中一人物和一只鹦鹉似在对话，人物帽子形状夸张，服饰颜色也过于艳丽，带有明显中国色彩。宫廷制瓷厂的巧匠亦特别研究那些陈列在中国厅的东方花瓶和碟子，把部分真品带到工厂进行直接复制②。

① 《皇村瑰宝：俄罗斯宫廷文物展》，香港历史博物馆，2014 年，第 169 页。
② 《皇村瑰宝：俄罗斯宫廷文物展》，香港历史博物馆，2014 年，第 169 页。

（四）铜红釉天球瓶

沙皇的个人品位与喜好在不同历史时期对瓷厂艺术道路的选择都有重要影响。亚历山大三世艺术品位很高，他对中式铜红釉花瓶及在哥本哈根王室制瓷工坊极为风行的中国釉下彩情有独钟。此外，这一时期中国釉下彩在俄罗斯宫廷制瓷厂得到广泛应用，还因为皇后（丹麦公主）玛丽亚·费奥多罗夫娜也对此特别偏爱。

铜红釉花瓶（图5.8），瓶直口微撇，颈较长，溜肩，浑圆腹。通体内外施铜红釉，瓶口沿处以星状金彩装饰。天球瓶以形似天体星球而得名，此种器形始见于中国明代永乐、宣德时期，流行于清代雍正、乾隆两朝，属于陈设用瓷。此瓶外形和中国天球瓶相似，但颈部较长，造型夸张，釉色不均匀。其风格是典型中俄合璧，既有俄国追求奢华之风，又有"貌似中国"的特点。

图5.7　中式卡索灯

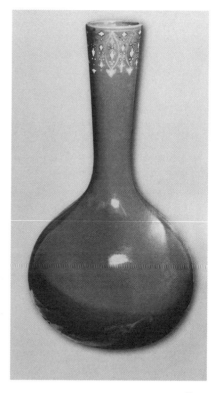

图5.8　铜红釉天球瓶①

① Императорский Фарфор （1744—2009）, издательство《 Санкт － Петербург Оркестр 》, Санкт － Петербург 2009. C. 96.

（五）亚历山德拉花鸟纹开光瓷系列

在俄罗斯末代沙皇尼古拉二世（1894～1917 年）统治期间，得益于前朝技术革新，宫廷制瓷厂达到了烧造技术和造型、绘画工艺方面的又一高峰。由于沙皇亲历中国，并对此有浓厚兴趣，"中国情趣"瓷器在这一时期得到淋漓尽致体现。

亚历山德拉瓷器系列（图 5.9），系 1899～1903 年制作。由于宫廷制瓷厂在 1900年巴黎世界博览会比赛成绩不理想，但却得到了皇后的经常关怀和庇护。在当时的重要订单中，有两笔由亚历山德拉·费奥多罗芙娜皇后所订，即"亚历山德拉瓷"和"皇村瓷"。亚力山德拉瓷系列上有皇后名字的画押字，盘敞口、平沿、浅腹。内底白釉，内壁蓝底描金开光内绘花鸟纹 3 组，中间以环草纹相连，口沿处饰金彩。此盘用油画的画法，施彩较厚，金彩颜色艳丽。胎质沽白细腻，纹饰描画工整，以花鸟纹样为主题，显示宫廷富贵奢华的特点。开光纹饰是中国的传统纹样，又称开窗，指的是将图案绘在圆形、方形或其他形状的轮廓中俗称"开光"，此法犹如古建筑上开窗见光，因此得名。这种技法可以使所表现的主题更加鲜明突出。

图 5.9　皇后亚历山德拉花鸟纹开光瓷盘①

---

① Императорский Фарфор （1744—2009），издательство 《Санкт‐Петербург Оркестр》，Санкт‐Петербург 2009. C. 96.

四　小结

纵观俄罗斯宫廷瓷器上的中国情趣，在发展过程中经历了最初全面仿制中国瓷器，到逐渐与俄罗斯传统文化相结合，注入俄罗斯精神和宗教内涵，大量使用金彩，融入了俄罗斯崇尚奢华的纹饰，制造出符合俄罗斯审美和精神特点的"中俄合璧"瓷器过程。

需要提及的是，中国艺术品蕴含着中国文化"以器载道"的理念，在瓷器上表现尤为明显。清代流行"祥瑞"造型和纹饰的器物，通过"图必有意，意必吉祥"来体现中国文化的丰富精神内涵。俄国人对此当然不知所云，由此俄国的能工巧匠在制造"中国风"时，势必会"只求形似，不求神似"。"'中国风'中所塑造的中国形象，带有明显的'洋味'。他们所仿制的大量应用中国题材或体现中国风格的制品以及各种建筑装饰和园林设计，细细看来都是一些四不像的混合体，同真正的中国文化几乎没有什么共同之处。"① 特别在使用功能上，俄国瓷器重装饰和陈设，而中国瓷器兼具陈设和实用。

---

① 宿丰林：《十八世纪俄国的"中国热"》，《黑河学刊》1999 年第 2 期（总第 79 期）。

第六章　19世纪职业画家列加舍夫作品的中国形象传播

　　清朝初年，欧洲耶稣会士凭借艺术与科技特长，即已赢得了中国皇室、权贵的广泛认可与尊重，并任职于宫廷，包括画师、乐师、钟表师、天文、数学等领域，如郎世宁、王致诚、徐日升、张诚等；欧洲宫廷画师的绘画作品，对清代宫廷绘画风格和审美趣味，均产生过很大影响。而反观俄罗斯传教团，虽于18世纪初就常驻北京，但传教士却未获进入宫廷服务之殊荣。究其原因，是当时传教团里缺乏此方面的人才。因此，俄罗斯在文化上对中国之影响力微乎其微。为改变这种局面，1830年起，俄罗斯政府自第十一届至十四届传教团，均派驻随团职业画家，其中十一届和十二届传教团，还引领科学研究[1]。当今，这些传教团画家的作品，多数典藏于俄罗斯各大博物馆，亦不乏流落于其他国家者。其中，职业画家列加舍夫的一幅精品画作，就被珍藏于加拿大皇家安大略博物馆（Royal Ontario Museum，以下简称ROM）。此画是迄今为止发现的唯一留存于俄罗斯境外之列加舍夫作品。

　　有关画家列加舍夫及其作品，肖玉秋教授在《用丹青描绘中国的19世纪俄国画家》一文中，已有述及，她将列加舍夫的在华活动及创作，进行了细致梳理，认为列加舍夫作为首位来华俄国职业画家，对中俄美术交流之意义与作用，显而易见。俄罗斯涅斯杰洛娃教授（Нестерова Е. В.）所撰《俄罗斯驻京传教团视觉艺术在中俄交往之初的关系》（Российская Духовнаямиссия в Пекине и начало русско-китайских контактов в сфере изобразительного искусства）一文，也对列加舍夫绘画

---

[1]　Шубина С. А. Русская Православная Миссия в Китае（XVIII начало XX вв.）. Автореферат диссертации на соискание ученой степени кандидата исторических наук Ярославль 1998.

作品及其收藏情况做了具体分析，通过圣彼得堡档案馆发现的档案，对列加舍夫在华活动极其重视中国颜料的研究有所揭示，并从中得知，俄政府对列加舍夫在华活动策划已久。而圣彼得堡大学萨莫伊洛夫教授（Самойлов Н. А.）在其最近研究成果《18～19 世纪俄罗斯画家作品中的中国》（Китай в произведениях российскихх удожн иков）一文中指出，列加舍夫在华期间创作有 40 多幅油画作品，并对其收藏流布情况做了介绍。萨莫伊洛夫教授认为，在中俄交往过程中，俄罗斯画家在中国或中俄边境地区，创作了很多作品，特别是在当时尚未发明摄影术的情况下，为俄罗斯了解东方邻居的真实生活，提供了视觉形象。这些作品不仅能复原他们在中国活动的历史，同时对俄罗斯认识当时的中国，具有重要意义。

遗憾的是，上述学者均未提及典藏于加拿大皇家安大略博物馆的这幅列加舍夫画作。而曾在 ROM 修复文物的实习生尼克莱塔·托马西（Nicoletta Tomassi），于 2016 年发表《当东西方相遇：皇家安大略博物馆藏中国官员肖像画保护》一文，介绍过此画作。同时她提出，列加舍夫在 1839 年创作的这幅中国官员画像，表面上，列加舍夫运用了典型的西方油画技法，但通过近距离观察、检验分析发现，他已有在国外试验中西合璧的新画法之倾向。

本文参考以上学者的研究，同时参阅 ROM 藏品及其他英俄文历史文献，对列加舍夫绘画，做进一步探讨。

一　加拿大皇家安大略博物馆藏列加舍夫画作

2016～2018 年，笔者多次在 ROM 提看了列加舍夫这幅肖像绘画作品。据博物馆档案记载，肖像画的来源，是英国人乔治·克劳夫斯（George Crafts）于 20 世纪初在中国天津所购。1924 年以前，由克劳夫斯洋行代理收购的中国文物，很多文物现已入藏不少世界著名博物馆，其中以 ROM 为大宗，约有八千件。

画作高 97.9 厘米，宽 71 厘米。画面左侧，有列加舍夫的俄文签名——А. Легашов（列加舍夫）、时间用阿拉伯数字表示——1839 年、地点用俄文——Пекин（北京）。由此可见，这是一幅列加舍夫于 1839 年，他驻北京传教团期间所绘之肖像油画。据 1839 年列加舍夫发回圣彼得堡的报告中记述，他在北京创作了 26 幅历史与宗教题材之画作及 24 幅中国官员肖像油画，很多作品留在了中国。可以推断，此肖像画应是为某官员专门定制、并留在中国的作品之一，后被乔治·克劳夫斯购得。因年代久远，该画已破损严重，近年在 ROM 进行了精心而完善的修复。"当海蒂索贝尔（Heidi Sobol，ROM 研究员）向我展示这幅油画时，我突然明白过来她所提及的重要画作，画的破损非常严重。"这是修复实习生尼克莱塔·托马西（Nicoletta Tomassi）在看到这幅画时提到的，她于 2013 年用 12 周的时间，承担了这份极具挑战性的工作，并将其修复（图 6.1）。

图 6.1　中国官员肖像
（拍摄于加拿大皇家安大略博物馆）

画面主人是一位慈眉善目、年龄约 50 岁的中国官员。人像五官比例精准传神，富有立体感，真实生动。画像上人物身着毛皮常服，头戴冬季冠帽，冠顶水晶珠装饰，胸前佩戴朝珠。右手上的满绿的翡翠扳指，显示出他的尊贵。

从冠帽上看，《清会典》规定："遵旨将会典所定朝冠顶及雍正五年所定平时冠顶细加参酌……五品官，朝冠顶衔水晶或白色明玻璃"[①]。此外，朝珠是清朝皇帝和官员着礼服、吉服和常服时所佩戴，挂在颈项，垂于胸前。朝珠的使用在清朝初期十分严格，不同等级身份、不同场合所佩戴的朝珠，各不相同。"凡朝珠，王以下、文职五品、武职四品以上，及翰林、科道官、公主、福晋以下、五品官命妇以上，均得用以杂宝及诸香为之。礼部主事、太常寺博士、典薄、读祝官、赞礼郎、鸿胪寺、鸣赞光禄寺署。"[②] 从所着常服来看，因常服穿着的场合较多，较之穿着朝服与

---

① 《清会典》：嘉庆朝钦定大清会典事例二卷二百六十三礼部二十二。

② 《清会典》：乾隆朝钦定大清会典卷三十礼部仪制清吏司冠服。

吉服更随意，故佩戴的朝珠亦随意①。因此，从冠顶的水晶珠、胸前杂宝朝珠、常服及人物外貌气质推断，肖像画主为五品文官。

从创作技法上，画家使用的是典型西方油画技法。其技法纯熟，代表了俄罗斯油画的高超艺术水平，包括对单独光源的依凭，并利用光和阴影之交叉，来勾勒出深度与三维效果。人物面部特征与个性特点被如实捕捉时，其脸的右半部处在阴影之中。通过近距离观察和检验分析，画作个性鲜明，画家尝试在中国实现其创新画法②。如人物背后的山水风景，与诸多传统西方肖像画不同，亦有别于传统中国画像，传统中国画像倾向于人物背后的空白背景，但列加舍夫用油画的方法将人物的背景描绘成中国的山川，借鉴了中国山水画的平远构图方法，色彩沉稳朴厚，用笔灵动自如。通过这种画法组合，把西方浪漫风格和中国社会现实巧妙结合；同时，将这位官员置于传统中国绘画的山水之境，似乎更合乎一个服饰华贵、身在朝廷的官员渴慕林泉、志在田园的文人理想。画家所采用的中西结合的画法，在当时可谓颇具创意。

画家列加舍夫，全名为安东·米哈伊洛维奇·列加舍夫（Антон Михайлович Легашёв，1798～1865），1798 年出生于奔萨省的农奴家庭，童年时热爱音乐，之后爱好木工。1822 年，进入圣彼得堡美术学院做旁听生，在肖像绘画方面渐入佳境，成就斐然。他师从著名肖像艺术家瓦尔涅克（Варнек Александр Григорьевич），1824 年，获得一等和二等银质奖章。1826 年毕业以后，美术学院委员会准备授予他 14 等文官艺术家称号，但沙皇尼古拉一世亲自写信给委员会，认为授予列加舍夫 14 等文官为时尚早，过一年再说。但几年之后，沙皇尼古拉一世仍没有重用他，原因是对列加舍夫所绘之哈托夫将军肖像画的手部不满③。

19 世纪初期，俄罗斯画家仍以为宗教与宫廷服务为宗旨，因此，列加舍夫一直期待被沙皇尼古拉一世选中，并为其服务。这个想法失败之后，为改善自己的生活窘迫状况，列加舍夫于 1829 年 11 月提出将其编入第十一届传教团的申请，并获得批准，同时也获得了 14 等文官官衔。

---

① 李芝安：《清代朝珠述论》，《中国国家博物馆馆刊》2013 年第 6 期。

② Nicoletta Tomassi, *Treatment Feature When East meets West : The Conservation of Portrait of a Chinese Official in the Collection of the Royal Ontario Museum*, The Picture Restorer. Spring 2013. P36－41.

③ Сергей Марков, Вечные следы, Молодая гвардия, 1973года. стр 64.

1830 年，由修士大司祭魏若明（Морачевич Вениамин）率领的第十一届传教士团从圣彼得堡出发，经伊尔库茨克、恰克图、库伦和张家口，来到北京。在到达中俄边境时，列加舍夫创作了一系列作品。以画寄托画家的个人经历和社会现实是肖像画的重要表达手段。列加舍夫最初因绘制哈托夫将军肖像画手部不成功，而不被尼古拉一世重用，之后数年，列加舍夫肖像画中很少出现人物的手部，这从 1830 年前后初到中国创作的肖像画可以看出，沿途所创作肖像画仅绘头部，均未描绘手部。

而这幅藏于 ROM、创作于 1839 年的画作却清晰描绘了手部，手部线条清晰逼真，表现画中人物养尊处优的生活。此画作是画家向沙皇证明的力作，即通过在中国多年的努力，画家已学有所成，充满自信，画作风格上中西合璧，实现了个人创作上的重要突破，揭示出艺术之于时代的意义与价值所在。这和列加舍夫在中国期间所获得的荣誉及影响有关，与在俄罗斯默默无闻形成鲜明反差。回国之后，画家依然继续创作绘手世人的作品。

二 列加舍夫的在华使命

在清代西洋画的传播史上，意大利传教士、宫廷画家郎世宁声名远播，而能与郎世宁相比并在中国宫廷和民间都有影响力者，唯有俄罗斯画家列加舍夫。俄罗斯画家列加舍夫虽无缘供职清廷，却也因此获得了创作自由。

有关列加舍夫随团派驻北京的情况在俄罗斯枢密院致中国理藩院函中可见："径复者，接获贵院道光九年三月初二日（1829 年 3 月 16 日）来函，借悉中国大皇帝陛下已经恩准将现在北京之我国神甫及学生人等实行替换……特由此间向中国首都派遣……教堂服务人员葛利果里·罗卓夫及安顿·列卡硕夫二人……"①

文中的安顿·列卡硕夫即安东·列加舍夫，其身份本为画家，却被称为"教堂服务人员"，这是沙皇政府有意隐瞒其身份，因为之前发给清廷的信中，并未提及这届传教团中有位画家，担心清政府知道列加舍夫画家身份，而不准其来京。这种情

---

① 国家清史编纂委员会编译组、《历史研究》编辑部合编：《清史译文新编》，《故宫俄文史料》，内部资料。

况是可能的，因为派画家来京，并无先例。

"列加舍夫供职于十一届传教团，他的到来，在很大程度上提升了沙皇政府在清廷的地位。列加舍夫被授命为一些达官显贵绘肖像，这些权贵加强了两国交往。"① 在传教团1837年写给俄国有关部门的总结报告中，对列加舍夫在中国的创作活动给予了较高的评价。《艺术报》（Художественная газета）也做了相应的报道，就连一向以严格著称的大汉学家瓦西里耶夫，也对列加舍夫称赞有加。圣彼得堡的艺术界，也曾对他的"健毫"大肆渲染。1838年第3期《美术报》写道："列加舍夫在北京声名卓著，比提香在意大利有过之而无不及。"② 以上评价足见列加舍夫在北京的影响力。

首先，列加舍夫在北京期间完成了俄罗斯政府的探查使命。按照美术学院院长奥列宁的指令，列加舍夫在前往中国途中，应不时绘画，要求他最准确地在画布上再现所看到的事物，避免因追求美观而使人物和景物失真。奥列宁是一位考古学家和民俗学家，他希望画家将来带回俄国的不是纯粹意义上的艺术作品，而应该是景物的"照片"，或者是民俗学材料③。事实上，通过现在藏于俄罗斯各博物馆的列加舍夫作品，证明列加舍夫听从了奥列宁的指令，沿途创作了许多人物和景物，都高度写实，有"照片"的效果。

其次，列加舍夫实现了俄罗斯政府通过绘画吸引并深度接触中国的目的。列加舍夫与清朝宗室官员的密切往来，奕绘之诗，足以为证。诗题为《自题写真寄容斋且约他日同画》，自注云："俄罗斯画师阿那托那画"，全诗如下：

> 其一：北极寒洋俄罗斯，教风颇近泰西规；十年番代新游学，百年重来好画师；图我衣冠正颜色，假君毫素见威仪；神巫何术窥壶子，地壤天文各一时。

> 其二：忆昔与君同咏遨，虚亭共坐石床高；何时贱子侍末座，重情此公挥健毫；听水看云同入定，据梧挟策各分劳；且令后世传佳话，殊胜登台享太牢。④

---

① Нестерова Е. В. Российская Духовная миссия в Пекине и начало русско - китай - ских контактов в сфере изобразительного искусства（новые архивные материа - лы）// Православие на Дальнем Востоке. 275 - летие Российской Духовной мис - сии в Китае. СПб. : Андреев и сыновья, 1993. С. 127 - 133.

② 蔡鸿生：《俄罗斯馆纪事》，中华书局，2006年，第108页。

③ 肖玉秋：《用丹青描绘中国的19世纪俄国画家》，《俄罗斯文艺》2002年第2期。

④ 张璋编校：《顾太清奕绘诗词合集》，上海古籍出版社，1998年，第496页。

从以上二首奕绘题咏可以看出，列加舍夫与奕绘有过交往，被赞为"百年重来好画师"。列加舍夫的全称为安东·米哈伊洛维奇·列加舍夫（Антон Михайлович Легашёв），"安东"和诗中提到的"阿那托那"是同一个名字，即指列加舍夫。

根据肖玉秋教授的研究，列加舍夫绘画包括了北京各个阶层的人物，有贝勒及其夫人、理藩院主事（长龄）、尚书（禧恩）、将军，还有在俄罗斯馆教授满语的中国先生、雅克萨战俘后代（尼古拉）以及一位葡萄牙的教士（毕学源，G. P. Pereira，1763~1838）等等①。其中"贝勒及其夫人"可能指的就是奕绘及其侧福晋顾太清。而理藩院主事长龄三次来到俄罗斯馆，请列加舍夫为其画像，为俄罗斯传教团争得了荣誉②。

最后，列加舍夫在华还搜集中国颜料情报。其实，中国颜料的优越性早就为俄罗斯美术学院所关注。第九届传教团领班比丘林回国时，就带回大量中国颜料，他还刊发过一篇文章名为《中国颜料起源》，提到中国画家所用颜料的亮度和透明度令人惊讶。他解释道，中国人用特殊的方法提纯和去杂，在文中还详细地描述了制作方法③。美术学院院长奥列宁，曾给赴北京传教团的画家发出专门指令，其中一项重要任务，就是要求画家们努力研究中国真正颜料的调配、构成和使用。美术学院还通过传教团间接获得颜料，应用于学生教学。为此，奥列宁曾给第十届传教团大司祭卡缅斯基1000卢布，其中一半用于购买墨、朱砂和最好的颜料。随团学生列昂奇耶夫斯基用中国水彩画了幅自画像，现藏于以 M. E. 萨尔特科夫·谢德林命名的国家公共图书馆。1841年，列加舍夫从北京回到圣彼得堡，他申请在美术学院任教，并希望批准他制作中国颜料，但美术学院认为欧洲的颜料优于中国的颜料，他的建议未被采用，而他在美术学院任教的请求，也被拒绝。

列加舍夫回国后，并未得到赏识，但他后来的创作主题，一直未脱离过中国。其一生最重要的成就，均与中国相关。

---

① 张璋编校：《顾太清奕绘诗词合集》，上海古籍出版社，1998年，第496页。

② Наша китайская миссия полвека назад. Письмо А. Честного из Пекина. Русский Архив. 1884. No5. C. 155.

③ Нестерова Е. В. Российская Духовная миссия в Пекине и начало русско‒китай‒ских контактов в сфере изобразительного искусства（новые архивные материа‒лы）// Православие на Дальнем Востоке. 275‒летие Российской Духовной мис‒сии в Китае. СПб.：Андреев и сыновья，1993. С. 127‒133.

三　小结

18 世纪初，俄罗斯传教团的进入，使中俄关系进入面对面交流阶段。19 世纪 60 年代以前的中俄关系，无论商务、外交还是文化，几乎事事必通俄罗斯馆，构成一种蛛网式关联。处于中心位置的俄国驻北京传教团，是俄罗斯馆的实体①。同时，彼得大帝时期，欧洲的"中国风"也开始传到俄罗斯。"此时大量中国商品开始进入俄国，中国商品不仅带去中国特点的艺术审美；更为重要的是，这些商品让中国形象在俄罗斯逐渐清晰起来。"② 即使如此，中俄两国直到 18 至 19 世纪在文化上直接交流，仍很有限。

而列加舍夫作为第一位驻华俄罗斯职业画家，他承载着俄罗斯文明，是两国艺术传播的使者，尤其在中国形象传播方面起到了重要作用。他在国内不被认可、郁郁不得志的情况下，来到中国。驻京十年的工作经历，使他有机会全面接触清廷和民间，是他创作的黄金时期。在当时世界尚未发明照相术的情况下，列加舍夫作品的写实风格，是观察、记录、见证中国真实社会生活的重要途径；同时，其画作也体现出俄罗斯绘画艺术之卓越。这一期间，他不但在绘画上实现个人风格的突破，甚至他自身和作品，都融入了中国元素，这于此幅藏于 ROM 的作品中，得以清晰呈现。在中俄关系、中西艺术交流，甚至获取中国工业情报方面，列加舍夫都曾发挥过重要作用。而其作品对中国视觉形象之建构，也应引起我们的重视。

---

① 蔡鸿生：《俄罗斯馆纪事》，中华书局，2006 年，第 2 页。
② 多丽梅：《俄罗斯宫廷瓷器的中国情趣——以宫廷制瓷厂为例》，《文物天地》2018 年第 7 期（总第 325 期）。

第七章　中俄官方首次图书交流

1844 年，清政府应俄罗斯驻京传教士请求，颁赐《丹珠尔经》《甘珠尔经》共 800 余册。这批赠书在俄罗斯得到充分利用，编纂了巨著《佛教文库》。1845 年，俄罗斯为答谢清政府赠书，回赠中方 800 余册俄文图书。这些书籍代表当时俄罗斯各领域最先进的科技与文化，但由于未受清政府重视而散佚，至今故宫博物院和中国国家图书馆共藏有几十本。本文通过梳理道光年间中俄图书交流的背景、收藏始末和译目，对现存俄罗斯赠书分析补证，探讨清政府对俄罗斯赠书未加利用的原因，进而分析 19 世纪前期的中俄关系。

一　俄政府赠书背景及收藏

（一）赠书背景

从俄方文献来看，俄罗斯在 1845 年收到清政府赠送《大藏经》之后，面呈沙皇尼古拉一世，沙皇用铅笔在书上批示："非常了不起，很荣幸！但是我不知道这是什么书，请告诉我。准备丰厚有价值的礼物回赠！"于是，俄政府寄送北京俄罗斯书籍共 357 种。这就是历史上第一次中俄图书交流①。

清代文献关于此次中俄政府间图书交流的记载，最为翔实的当属何秋涛《朔方备乘》：

> 道光二十五年，俄罗斯国王表言《丹珠尔经》乃佛教所重，而本国无之，
> 奏求颁赐。上命发雍和宫藏本八百余册赐之，越数月起其国王因肄业换班学生

---

① В. Л. Успенский . Тибетский буддизм в Пекине. Санкт - Петербург. С. 249. 2011.

进京，乃尽缮俄罗斯所有书籍来献，凡三百五十七号，每号为一袠（原文），装饰甚华，有书有图，惟通体皆俄罗斯字，人不尽识，当事者议发还之，或曰斯乃所以为报也，却之转拂远人之情，则奏请收存于理藩院，以俟暇日将翻译焉，于是军机处存注档册例，须先译书名乃得其三百五十七号之书目，好事者争相传录。①

针对这条文献，蔡鸿生、羽离子教授分别进行了补正。两位教授都指出，赠书缘起与俄罗斯换班学生无关。"而是俄罗斯馆领班、修士大司祭佟正笏通过俄罗斯馆监督向理藩院请求购买一套藏文佛经。经道光皇帝批准，免费拨赠雍和宫藏本一套，黄绫装潢，极其珍贵。"②羽离子教授补证，清政府赠予俄国的不仅有《丹珠尔经》，且还有《甘珠尔经》，即全套《大藏经》③。对此，俄罗斯科学院米亚斯尼科夫院士也有提及："1842 年俄罗斯科学院向中国方面赠送了涉及各个知识领域的书籍，其中包括卡拉姆津（Н. М. Карамзин）的《俄国史》（История России）。俄罗斯汉学开始进入学术研究阶段。"④

以上为文献证明，发生在道光年间的互赠图书，先是在俄国政府购买请求下，由道光帝批准颁赐《大藏经》（《丹珠尔经》《甘珠尔经》）共 800 余册。而后俄罗斯作为答谢，回赠清政府各领域书籍也有 800 余册。在数量上保持一致，符合外交平等。那么，俄罗斯是在什么背景下获得清政府赠送《大藏经》的呢？

在俄罗斯著名"1818 年指令"里，沙皇亚历山大一世（Алексадр I，1777 ~ 1825）曾把搜集图书作为北京俄罗斯馆的一项职责："在所规定的经费范围内，根据所附目录为图书馆收集书籍"⑤。1818 年，沙皇政府曾拨专款 500 银卢布，供北京传教团购买满汉文书籍。同时，俄罗斯政府每年拨给北京传教团的活动经费也有大幅度增加，其中当然也包括购书款项。除此以外，俄罗斯东正教最高宗务会议也拨给

---

① ［清］何秋涛：《朔方备乘》卷三九《俄罗斯进呈书籍记》。

② 蔡鸿生：《俄罗斯馆纪事》，中华书局，2006 年版，第 42 页。

③ 羽离子：《俄罗斯首次对清政府赠书始末》，《近代史研究》1991 年第 4 期。

④ ［俄］米亚斯尼科夫著，春枝译：《俄罗斯档案总局主办的"清代俄罗斯与中国"展览》，《国际汉学》2009 年第 1 期。

⑤ 陈开科：《巴拉第与晚清中俄关系》，上海书店出版社，2008 年，第 38 页。

北京传教团专款用于购书，每年拨款数目最多达 250 银卢布①。1830 年以后，沙皇政府又不止一次地向北京教会发出搜集中国图书资料的指示，要求他们用好那些购买图书、地图等资料的款项，尽量买到好书，同时也要力求节省，谨防上当。1842 年，沙俄政府为建设新图书馆，拨款 13500 卢布。"北京俄罗斯东正教会应根据提供给你们的全部经费情况，为教会图书馆收集各种书籍、地图册和城镇平面图……一俟发现好书和珍贵物品，则应同时买两份，一份保存在教会图书馆，另一份要运回俄罗斯。"②

由此可见，《大藏经》就是俄罗斯传教团的一项政府采购计划，而俄罗斯馆是这项计划的执行者。修士大司祭佟正笏提出购买《大藏经》，而后获道光皇帝批准并颁赐，这项计划直接促成了中俄政府间的第一次互赠图书。由于《丹珠尔经》《甘珠尔经》异常珍贵而稀有，俄罗斯在拿到这些书后，从北京运抵圣彼得堡，保存在亚洲博物馆。这些《大藏经》经书对俄罗斯佛教形成和发展起到重要作用。例如，1897 年就是在奥登堡院士的倡议下，用《大藏经》里的经文编纂著名《佛教文库》（Bibliotheca Buddhica）。经书上至今还有谢尔巴斯基院士和其他杰出学者用铅笔留下的标记③。

（二）赠书内容

关于俄罗斯方面赠书的内容，《朔方备乘》记载：

> 考其中言彼国史事地理武备算法之书，十之五医药种树之书，十之二字学训解之书，十之二其天主教书与夫诗文等仅十之一而已，此其中足备掌故考核者多矣，置之典属掌之，枢庭将来取次译之于边防军政大有裨益，其所系岂浅鲜哉。④

吴振棫《养吉斋丛录》，也提及俄罗斯赠书内容：

> 道光二十五年，俄罗斯过呈进本国书籍一种，由萨那特衙门移送库伦办事

---

① ［俄］维诺格拉多夫：《中文图书馆与帝俄北京东正教使团成员的学术著作》（俄文版），圣彼得堡，1889 年。

② 《中国福音书》（俄文版）卷 13、14。

③ В. Л. Успенский . Тибетский буддизм в Пекине. Санкт – Петербург. C. 249. 2011.

④ 前揭《朔方备乘》卷三九《俄罗斯进呈书籍记》。

大臣委解京师。计三百五十七号，八百余册，图二十二，仪器两具。奉旨理
藩院收藏。其书皆俄罗斯字。译出书目，凡天文、地理、兵书、战法、炮械、
医药、种树、本国各国史传、诗文集、性理、经解、律例之类，宏织备陈，地
图尤为详悉。①

由此可见，俄罗斯回赠清政府的书籍，涉及内容非常广泛。其中大部分为文学、
历史和宗教方面。科学技术方面占总数四分之一，包括天文、地理、数学、生物学、
地质学、冶金、医药和药理学、农学等。回赠书籍中的地图，尤其受到清政府重视。

（三）收藏始末

俄罗斯赠书进入宫廷，最初收存在理藩院②。此后，这批书历经波折，两次移存
他处。1858 年，咸丰帝圈出其中的舆地图画类书 41 种，调入宫内观览，其余部分改
存方略馆；1869 年，又移存到总理各国事务衙门书库。到了 1885 年班铎再次编目
时，800 余册图书只剩下了 682 册。

辛亥革命后，这批赠书归北洋政府外交部收藏。民国初年，只剩下 80 多册。曹
汝霖在《外交部藏书目录》序中指出：

> 同文馆既开复以道光间俄皇所赠书 600 余册，移置其中，先后主持译署者若
> 董尚书（恂）、张学士（佩纶）、袁太常（昶），皆留心掌故，孜孜不倦以故日
> 积月累所收浸多，虽不足语于藏书之府要，亦可谓急所先务者矣。庚子之变，
> 古书旧本十失六七，其存者又或委弃于阴房败竹之间，典守者问，无以应，则
> 诿之于兵燹……

书目凡例记述，洋文书籍为数甚少，"惟俄文书八十余册为道光二十五年俄罗斯
所赠……数十年来残毁略尽，竭力搜罗所得只此，爰付重装，以备典故"③。根据程
真、李滋媛研究，"外交部这 80 条俄文图书记录中，许多图书为 1845 年以后出版，

---

① ［清］吴振棫撰，童正伦点校：《养吉斋丛录》，中华书局，2005 年，第 423 页。

② 故宫存档：《理藩院咨俄罗斯萨那特衙门书籍十箱已点收进呈文》，道光二十五年十二月初三日。

③ 本社古籍影印室辑：《明清以来公藏书目汇刊》（1），北京图书馆出版社，2008 年，第 3 页。

显然与沙皇赠书无关"①。但由此可知，有些书是在庚子之变中散佚。

直到 1947 年，张铁弦先生在书肆发现 40 多册俄国书籍，现收藏于中国国家图书馆和张铁弦个人所藏。1949 年以前，"这些书在北京的旧书肆时有发现。1947 年冬，在北京书肆发现了这批赠书的残余部分，共 40 多册，当时为北京图书馆及笔者获得"②。据程真、李滋媛核查，"1947 年于北京书肆采购俄文图书时，张铁弦已经入馆 3 年，很可能就是采购的当事人，1958 年写作该文时正任副馆长职务，他的记载应当较为可信。张全新副馆长精通俄文，是老一辈俄文翻译家，在文坛上一直以铁弦和张铁弦的名字著书立说，曾翻译过许多俄文诗歌小说"。但 1947 年冬在书肆销售的四十余种图书，并不在外交部图书馆所藏 80 余册俄文图书之内，说明它们在 1916 年编目之前就已经流失到社会上③。

总之，俄罗斯 1845 年赠书在中国现存数量不多，能确切指出的只有十几本。根据笔者调查，这些书主要藏于中国国家图书馆分馆、故宫博物院及个人。遗憾的是，笔者在故宫博物院图书馆未曾发现这批赠书，据工作人员介绍，有些俄文书可能被转到了中国第一历史档案馆。但由于中国第一历史档案馆的档案资料正在整理中，无法查证，故有待进一步发现。

二　俄罗斯赠书三次译目的整理

中俄互赠图书，时值第十二届俄罗斯传教团驻京，理藩院聘请巴拉第（后任第十三、十五届传教团团长）和俄罗斯馆成员帮助分类清点，首次编订并翻译了书目，俄文书籍共 357 种。巴拉第还根据此次编目情况，撰写《关于俄罗斯的中国文集（因"甘珠尔""丹珠尔"而赠给中国的俄文书籍书目）》，发表在《俄国皇家地理学会西西伯利亚分会公报》第 3 卷第 4 期④。其后，清同文馆、北洋政府外交部又分别对书目进行翻译。现分列如下。

---

①　程真、李滋媛：《国家图书馆所藏俄罗斯赠清政府图书》，《国家图书馆学刊》2007 年第 3 期（总第 61 期）。

②　张铁弦：《记 1845 年俄国所赠的科技图书》，《文物参考资料》1958 年第 6 期。

③　前揭《国家图书馆所藏俄罗斯赠清政府图书》。

④　陈开科：《巴拉第与晚清中俄关系》，上海书店出版社，2008 年，第 518 页。

第一次译目：共 357 种书，分为 23 类，反映了 19 世纪前期俄罗斯广阔的知识领域。包括（1）第 1～7 号，政令类；（2）第 8～10 号，自然观类；（3）第 11～14 号，宗教观类；（4）第 15～47 号，历史类；（5）第 48～88 号，军政、军史类；（6）第 89～137 号，地理、行记、方志类；（7）第 138～142 号，经济、财政类；（8）第 143～160 号，农林业类；（9）第 161～168 号，手工业、工业类；（10）第 169～178 号，植物、动物学类；（11）第 179～182 号，矿物学类；（12）第 183～207 号，医药学类；（13）第 208～223 号，数学、测量学类；（14）第 224～234 号，天文学、气象学类；（15）第 235～251 号，军事类；（16）第 252～253 号，音乐类；（17）第 254～266 号，文字学类；（18）第 267～272 号，语言学类；（19）第 273～310 号，文学类；（20）第 311～326 号，教育类；（21）第 327～328 号，综合类；（22）329～355号，图幅类；（23）356～357 号，天文、地理仪器及说明书。另外，羽离子教授把第一次译目分为 21 类，其中图幅类和天文、地理仪器及说明书没有单独分类，此次，笔者把这两类仍加入其中，故共分 23 类。

第二次译目由同文馆译出，仅文廷式《纯常子枝语》中著录，共分 18 类：（1）文法书类；（2）行文语类；（3）史传类；（4）律例书类；（5）杂书类；（6）游历书类；（7）农书类；（8）兵法书类；（9）天文算学书类；（10）史书类；（11）地理书类；（12）医学类；（13）天产万物各学类；（14）工艺诸学类；（15）泉刀谱类；（16）训幼书类；（17）幼学书类；（18）图画类。

蔡鸿生教授认为，重译书目比初译更"雅"，但未必更"信"。但此次译目也有其历史意义，即构成近代译名与现代译名的中间环节，提供了一批值得注意的过渡性译名。

第三次译目由北洋政府外交部译出，1916 年外交部图书馆编印了图书目录。由于《朔方备乘》目录和班铎目录只有书名的中译名，而没有原文书名、著者和出版年，其中译名又多与现代译法相去较远，难于以此二书目确认中国国家图书馆所藏俄文图书中哪些是沙皇赠书。外交部图书馆藏书目录增添了俄文书名和著者等项，但以此对中国国家图书馆俄文书目进行检索，结果竟未发现一种相同记录。再用外交部书目与张铁弦个人收藏的 4 种、中国国家图书馆收藏的 2 本一一核对，仍没有一部相同。可见，1947 年冬在书肆销售的 40 余种图书，并不在外交部图书馆所藏 80 余册之内，而是在 1916 年编目之前就已流失于社会，在 1947 年冬拿到书肆叫卖①。然而，这些书现在也已下落不明。

三 国内现存俄罗斯赠书资料补证

中国国家图书馆所藏 1947 年所收购的 40 余册俄文图书，能确切认定为清道光时期俄罗斯赠书的，仅有 13 册。

1. 《近二十年使用医学最新发现、观察与实验》

俄文书名：Новейшие открытия，наблюдения и опыты врачей，сделанные в практической врачебной науке в последнее двадцатилетие，国家图书馆外文善本号 P93。作者是俄国医学家聂留宾，1840 年彼得堡出版。《朔方备乘》第 187 号，题 "医法新编" 4 本；班铎书目第 537～539 号，题 "医术新编"，只有 3 本。国家图书馆目前只得 1 本②。据张铁弦考证，聂氏是当时俄国著名医学家、药学家和外科专家，因发明聂氏止血药而闻名于世，也是最早使用漂白粉做手术消毒的人。

补证：笔者查阅了有关聂留宾的文献，将聂留宾（Нелюбин Александр Петрович，1785～1858）姓名、生卒年予以补充，便于以后查阅。聂留宾在医学领域取得巨大成就，特别是在使用新药方面，不仅发明止血药，还发现了碘酒，并把碘酒应用于手术。上述 "漂白粉" 消毒有误，应为 "碘酒"。这些医学发现在当时居世界领先水平。

2. 《眼科必读》

俄文书名：Ученые о глазных болезнях，德国容根著，俄国赫理德布兰编译，1841 年莫斯科出版。著者为柏林大学教授，分四章十节，论及各种眼病。该书为《朔方备乘》第 205 号，题《眼科》；班铎书目第 542 号，题《眼科必读》。张铁弦记载为 1947 年冬采购于书肆，但今日在馆藏中已经查不到此书，仅财产账上有记载。

补证：上述文献首先在俄文标题上有误，"ученые" 为 "学者们" 之意，根据后文应该是 "Учение"，也就是 "Учение о глазных болезнях"。译者为 Иван

---

① 前揭《国家图书馆所藏俄罗斯赠清政府图书》。

② 前揭《国家图书馆所藏俄罗斯赠清政府图书》。

Федорович Гильдебрандт，毕业于莫斯科大学，是著名的外科医生。该书是介绍欧洲眼科医学成就的著述。

3.《普希金文集》（第 1 ~ 10 卷）

俄文书名：Сочинения Пушкин，Александр Сергеевич，10 册，中国国家图书馆外文财产账上标注 1822 年出版。该书为《朔方备乘》第 304 号，题"俄罗斯名家丛文"；班铎书目第 154 ~ 164 号，题《普氏文编》。现藏本为 1887 年版，外文善本号 P150 ~ 156、P347 ~ 351。1887 年版显然不属俄皇赠书，财产账上的 1822 年版则应为当年赠书，但已不知去向。

补证：普希金生于 1799 年，1837 年去世，在短暂一生中创作了大量不朽之作。1820 年，出版了第一本书是叙事诗《РУСЛАН И ЛЮДМИЛА》（1820 г.，鲁斯兰和柳德米拉），而《普希金文集》是在他去世后的 1838 年才出版。所以上文提到的第 1 ~ 10 卷，在时间和内容上都与史实不符。以此判断，这套书与俄政府赠书无关。

4.《斯拉夫俄罗斯文抄本著录补编之二》

俄文书名：Второе прибавление к описанию славяно - российских рукописей，作者：Толстов федор Андреевич，1827 年出版，外文善本号 P79。该书为《朔方备乘》第 307 号，题"各种文编"；班铎书目第 252 号，题《斯拉夫俄罗斯合璧文编》。

补证：笔者注意到，这本书的作者信息不正确。该书作者是著名的历史学家、考古学家、圣彼得堡科学院院士斯特拉耶夫（Строев，Павел Михайлович，1796 ~ 1876）。这本书是在原来《Описание рукописей графа Ф. А. Толстого》（1825）基础上的补录。而 Толстов федор Андреевич 是当时的伯爵，他收藏的俄罗斯古版书被斯特拉耶夫院士于 1825 年首次著录，而这本书是 1827 年补录。为了使一些珍本得到保存，2011 年俄罗斯对一些古籍进行了重印，这本书也在重印书籍之列。

5.《与小朋友漫游圣彼得堡及其近郊》（第 2、3 卷）

俄文书名：Прогулка с детьми по С. Петербургу и его окрестностям，著者：Б. Урьянов Виктор，1838 年出版，外文善本号 P142、P149。该书为《朔方备乘》第 105 号，题"发蒙周行天下四方记"；班铎书目第 655 ~ 656 号，题《彼得堡携幼游玩记》。

补证：这是俄罗斯第一本以生动的语言，给孩子们介绍首都圣彼得堡及其郊区的书，包括彼得要塞、植物园、科学院、军事教育机构、夏宫等重要游览胜地。该书再现了 1838 年以前的圣彼得堡，对研究俄罗斯历史有参考价值。

6. 《值得记忆的俄法战争轶事》

俄文书名：Анекдоты достопамятной войны россиян с французами，1813～1814 年出版，外文善本号 P109。该书为《朔方备乘》第 85 号，题"俄罗斯过征发嘟锡言行记"（或第 55 号，题"征法嘟锡战策"）；班铎书目第 71～74 号，题《俄法战事纪略》。

补证：这是一部俄法战争的纪实性作品，1812 年俄法战争以俄罗斯胜利告终。这场战争对欧洲产生了深远的影响：法国因为拿破仑战败而分崩离析，其建立的欧洲秩序很快就发生了根本性逆转，俄罗斯开始充当欧洲宪兵的角色。该书宣扬俄罗斯大国情节，俄罗斯民族的勇敢无畏与保护祖国的精神。同时，针对拿破仑军队侵略和战中逃跑等行为进行了详细描述。该书可以让清政府深入了解当时俄罗斯的军事、政治和外交现状。原书已重新装上封面。

7. 《俄国史教程》

俄文书名：Начертание русской истории，著者：Погодии，Михаил，1837 年出版，外文善本号 P90。该书为《朔方备乘》第 35 号，题《初学必读俄罗斯史》（或第 32 号："俄罗斯国史"；第 37 号："俄罗斯史"；第 72～75 号："俄罗斯国史"）；班铎书目第 126、127 号，题《初学必读俄史记略》。

补证：该书作者巴嘎金（Погодин，Михаил Петрович，1800～1875），是俄罗斯著名历史学家、作家。他提倡泛斯拉夫主义，对当时俄罗斯民族主义形成有重要影响。

8. 《植物学研究入门》（第 1 卷）

俄文书名：В ведение к изучению ботаники，著者：Декандоль，Альфонс，1837 年出版，外文善本号 P118。该书《朔方备乘》第 177 号，题"草木记"（或 570～571 号"草木全编"）；班铎书目第 408 号，题《植物学溯源》。

补证：该书作者为阿方斯·德坎多尔，瑞士著名植物学家与生物学家，他的重要成就是创造了世界上第一部植物名称法典。这部《植物学研究入门》，是他在日内瓦大学任植物园园长和自然史教授时的著作。

9. 《彼得堡的记述》（第 1 卷第 1 册）

俄文书名：Описание Санктпетербурга，著者：Иван Пушкарев，1839 年出版，

外文善本号 P119。该书为《朔方备乘》第 340 号，题"丕叶忒尔布尔噶城等处图说"（何秋涛注：彼得罗堡又作桑比斯德尔不尔扼，当即此丕叶忒尔布尔噶也）；班铎书目第 322～324 号，题《彼得堡纪略》。

补证：作者布什卡列夫（Пушкарев, Иван Ильич, 1808～1848），为著名的历史学家和统计学家。笔者根据作者信息，查到 1839 年出版的书俄文书名应为"Описание СПб. и уездных городов этой губернии"，而非上文提到的"Описание Санктпетербурга"。

10. 《绘画陈列馆或人类知识各门类画集》（第 3 卷）

俄文书名：Картинная галлерея или ситематическое собрание рисунков по всем отраслям человеческх познаний，1842 年出版，外文善本号 P183。该书为《朔方备乘》第 112 号，题"图集"（或第 110 号，题"天下地理人物图像记"）；班铎书目第 333～337 号，题《博物图说略》（或第 681 号："万物考略"）。

补证：这本书是由俄罗斯著名印刷业大亨布留沙尔家族印制的。该家族于 1839 年刚刚开始插图画印刷，本书为其早期插图画印刷作品，异常珍贵。遗憾的是，现存中国国家图书馆古籍部的这本书仅存其中的第三部分，其余带有插画的部分已不知所踪。

11. 《1815～1818 年到南洋和白令海峡探索东北航道的旅行》（第 2 卷）

俄文书名：Путешествие в Южный Океан и в Берингов пролив для отысканиясеверо - восточного морского прохода，著者：克鲁森施滕（Крузенштерн），1821 年出版，外文善本号 P180。该书为《朔方备乘》第 95 号，题"经行南洋记"（或第 106 号："巡查南洋记"；第 102 号："四次至北海记"）；班铎书目第 332 号，题《四次游历北冰洋记》。

补证：该书作者是科策布（Коцебу, Отто Евстафьевич, 1788～1846），以第一人称记述了整个航海过程。而克鲁森施滕（Крузенштерн, Иван Фёдорович, 1770～1846）写了总结部分，但不是该书的著者。该书由时任国家总理尼古拉·鲁缅采夫赞助出版，当时鲁缅采夫藏书并探索史学和航行，建立了鲁缅采夫图书馆，他的书籍、珍贵手稿和地图，成为现在列宁图书馆的前身。俄罗斯帝国时期有过三次环球航海探险。航海家、海军上将克鲁森施滕领导的环球航海发生于 1803～1806 年，是俄罗斯第一次环球航行。他的舰队"希望"号和"涅瓦"号到了大西洋、太平洋，其中勘察加半岛、库页岛引起了他的注意。今天的新地岛北部岛屿的山脉、加拿大海湾的浅水湾、亚马尔半岛西海岸的海湾、千岛群岛的拉伊科岛和拉乌吉斯岛之间的海峡，进入土阿诺特群岛的岛屿，进入马绍尔群岛的拉达山脉和白令海峡的岛屿以及夏威夷群岛西南方向的岛礁，均以他的名字命名。另外，克鲁森施滕还关注中俄毛皮贸易，他从陆路到过中俄边界恰克图，还考察东印度公司的海上贸易路线。而根据俄文资料，领导 1815~1818 年俄罗斯环球航海的著名的科策布，15 岁就参加了克鲁森施滕领导的第一次环球航海，1815~1818 年则担任第二次环球航海的团长。这次他的舰队"留里克"号由白令海峡到科策布湾（以他的名字命名），直到太平洋东南部，在那里发现了 399 个岛屿。此外，他还参加了第三次环球探险。由此看出，这本书其实是宣传俄罗斯在大航海时代的杰出成就。该书是其中的第二卷，应该还有第一卷和第三卷，记录了三次航海探险的盛况，说明俄罗斯当时已经是世界上的航海大国。

12.《俄罗斯帝国法律分类汇编》（民法，第 2 卷第 1、3 册）

俄文书名：Систематический свод существующих законов российской империи. Право гражданское，1817~1818 年出版，外文善本号 P172。该书为《朔方备乘》第 6 号，题"俄罗斯国条例汇纂"；班铎书目第 144~146、149 号，题《律例汇编》。

补证：无。

13.《奉敕编纂俄罗斯帝国法典》

俄文书名：Свод законов Российкой империи，повелением государя Николая Павловича составленный，1842 年出版，外文善本号 P24。该书为《朔方备乘》第 1 号，题《俄罗斯国汗制总例》；班铎书目第 148~150 号，题《律例备考》。

补证：俄罗斯自彼得大帝时起就开始尝试规范各项法律，直到 1832 年俄罗斯帝国法典在圣彼得堡出版，以后陆续出版，到 1892 年出版了 15 卷。现藏为 1842 年出版的俄罗斯帝国法典。

14.《新详解词典》（第 2、3 卷）

俄文书名：Новый словотолкователь，著者：Яновский，H，1804 年出版，外文善本号 P111~112。该书为《朔方备乘》第 257（或 266）号，题"俄罗斯字式新书"；班铎书目第 1~6 号，题《翰林字典》。

补证：作者雅诺夫斯基（Яновский，Николай Максимович，1764~1826），该

书是俄罗斯历史上第一部按照俄文字母顺序编写的词典，其中涵盖了各个领域的外来词以及科技词汇，甚至包括天文学和数学的专有名词。

以上国家图书馆古籍部藏书，都有中文"北京图书馆藏书"、英文"National library of Peiping China"的印章。其中《普希金文集》（第 1～10 卷）（Сочинения Пушкин, Александр Сергеевич），根据出版时间，与俄政府赠书无关。因此上述 14 册书中，仅 13 册为俄皇赠书。

另外，张铁弦先生藏这次赠书中的 6 册，并已做了考证，兹照录如下。

1. 《微积分》1 册

班铎编号 447，《朔方备乘》编号 216，原译名"贴斐叶楞齐数书"。1831 年俄国科学院出版，243 页。法国柯士（Cauchy）原著，俄国数学家布尼雅柯夫斯基（1804～1864 年）译。布氏是俄国著名数学家，曾留学法国，1846～1859 年间在彼得堡大学讲授微积分和力学，1864 年任俄罗斯科学院副院长，不久逝世。布氏在"数论"和"概率论"方面很有成就。

2. 《太阳出入时刻表》1 册

班铎编号 457，《朔方备乘》编号 236，原译名"定准日出日入书"。1825 年哈利克夫出版，210 页，巴伊可夫著。本书分列俄国各地地名及日出、日入时刻，适用于北纬四十至六十九度之间俄国各地。

3. 《矿学课程》1 册

班译编号 588，《朔方备乘》编号 166，原译名"淘金新法发明"。1843 年彼得堡出版，440 页，工程师乌扎蒂斯著。根据著者所写序言，他在采矿方面具有丰富经验，曾亲自参与俄、奥、德、比等国的采矿工作。

4. 《农政课程》1 册

班译编号 396，《朔方备乘》编号 146，俄国农学家吴索夫（1796～1859 年）著。1837 年彼得堡出版，312 页。本书分为 14 章，163 节，叙述扼要，眉目清晰。作者是农奴出身，最初在彼得堡大学旁听，以后获得自由身份，1833 年以正式生卒业，1836 年起在该校任讲师，后升教授，讲授农学和林学，对普及农业知识有许多贡献。

5. 《医术新编》1 册

班译编号 537，《朔方备乘》编号 187，原译名"医法新编"。俄国医学家聂留宾著，1840 年彼得堡出版，484 页。著者聂留宾（1785～1858 年）是俄国著名医学家、药学家和外科专家，于 1832 年首先对高加索矿泉作过科学的分析，判明了它的功用。他还发明过聂氏止血药，闻名于世界。他也是最早使用漂白粉做手术消毒的人。

6. 《眼科必读》1 册

班译编号 542，《朔方备乘》编号 205，原译名"眼科"。德国容根（Jungken）著，俄国赫里德布兰特编译，1841 年莫斯科出版，545 页。原著 1836 年在德国出版，著者为柏林大学医学教授，本书分为 4 章 10 节，首先泛论眼病，以后分论各种眼病。译者在序言中对此书备加推崇，因德国眼科当时在西欧居第一位。

此外，故宫博物院藏有《东西半球地图》2 幅，各长 90、宽 97 厘米。班肆氏未编号，《朔方备乘》编号 333，原译"天下东西地理图"。1831 年俄国军用印刷所制印，套色印刷、版刻很精细，此为 1955 年故宫博物院发现的俄国地图 7 种之一。据羽离子考证，"天下东西地理图"共有 2 幅，各宽 97、高 90 厘米，是彩色的世界地图，极为详细、精致。因被清文宗调阅，而未编入后译目。

从以上现存藏书可以看出，这批书是当时俄罗斯文学、医学、法律、航海、农业、矿业最前沿的著作，代表当时俄罗斯各领域甚至欧洲的先进科技水平。

四　俄罗斯赠书未被重视的原因

俄罗斯赠书最初是受到清政府重视的，何秋涛特别提及：

> 昔大西洋利玛窦等以明神宗时入中国，献所著各书，当时称为盛事，不知西洋距中国绝远，利玛窦等自进所为书与其国王无与也，至如艾儒略之《职方外纪》，南怀仁之《坤舆图说》皆入中国后所编纂，多张大彼教夸诞诞谩之词不足为据。今俄罗斯渐被文德沦浃已久，其国王自献书籍至三百余种之多，皆确实而有征远胜艾南诸书之荒陋，又其慕德恭顺之，怀回逾寻常尤为自古所未有，夫岂明代利玛窦等进书之事所可比拟，于万一哉，臣秋涛谓此千古希逢之盛会也，不可以不记，因次其书目于左方以告来者。[①]

———————————

① 前揭《朔方备乘》卷三九《俄罗斯进呈书籍记》。

何秋涛认为俄罗斯这批赠书水平上高于利玛窦、艾儒略、南怀仁等的著作，并特意把译目收入书中，表示重视。特别是地图，还被咸丰皇帝利用过。"咸丰八年，文宗显皇帝御批圈出四十一种，皆舆地图画之书，进呈乙览。"①

俄罗斯书籍最初也曾引起当时知识界的注意，书目译出后士大夫"争相抄录"，似乎令朝野人士耳目一新。但是，这批书并没有被清廷真正利用。

关于赠书译目和译文，一直都有支持翻译的声音，但明显没有被采纳。光绪十一年（1885 年），御史赵尔巽向总理衙门建议，由同文馆将这批赠书译成中文并镂板印行。而时任同文馆总教习（1869～1894 年在任）、曾担任清政府国际法方面顾问的美国人丁韪良，则持否定意见。因此，总理衙门"以为旧书不如新书之详备，俄书立论又不如英德法三国，可不必译"。其后仍有有识之士提出翻译这批书，但都不了了之。例如光绪十八年（1892 年），广州广雅书院院长朱一新重申选译俄国赠书的现实意义。这应缘于前一年俄罗斯皇太子到访，"今日太子宴饮之广雅书院，每岁二三次省中试子来试与此"。广雅书院院长朱一新，曾见证俄太子的威仪。而直接接待俄太子的两广总督李翰章，于交谈中得知俄罗斯也有佛教很是惊讶，"李总督陪太子各观各室，后稍事憩息，乃入席谈次，询太子昨晚作何消遣，并俄国有无佛教，太子答以俄国奉佛教者约数十万人，总督甚为惊异"②。可能意识到国人对于俄罗斯知识的空白，朱一新才提出选译俄国赠书的建议。但面对这样的呼声，总理衙门仍置若罔闻，使得这批赠书前后历时 40 年，基本上原封未动。

这批书即使在俄罗斯本国也皆属珍本，极具文献价值。对于当时中国的发展，尤其是科技进步而言，也具有一定的借鉴意义。那么，清政府为何没有利用这批书籍呢？试从以下几方面进行分析。

（一）语言障碍

中俄两国虽然相邻，但清朝一直将俄罗斯视同藩属，从不主动学习对方语言，故懂俄语者寡，存在语言障碍。中俄签订《尼布楚条约》时，由于没有俄语翻译，康熙帝便任用西方传教士徐日升和张诚，使用俄罗斯贵族比较熟悉的中间语言——拉丁语。为了处理中俄关系，康熙四十七年（1708 年）设立了俄罗斯文馆，目的是培养翻译人

---

① ［清］薛福成：《庸庵全集》第五册，光绪十九年刻本。
② ［俄］吴克托穆斯基：《俄太子东游记》，莱比锡，1898 年。

才。当时，俄罗斯文馆主要通过三种途径充实师资力量：一是俄罗斯投诚者，就是阿尔巴津哥萨克人，后编入俄罗斯佐领；二是在北京的俄罗斯东正教传教士团的随团学生和神职人员；三是清政府自己的教师，即文馆的毕业生和从边境派到北京、懂俄语的中国人。但直到嘉庆时期，仍未能培养出像样的翻译人才。嘉庆十年（1805 年），清朝在库伦同俄罗斯大使戈洛夫金进行谈判，代表团团长、外藩蒙古外扎萨克喀尔喀部郡王蕴端多尔济请求朝廷派俄语翻译，"理藩院轻而易举地就满足了这个请求，颁布了派遣俄罗斯文馆四名最为优秀的学生去担任谈判翻译的命令。但是在会谈结束后，清朝的翻译官们坦率地承认，在谈判时俄国人所说的话他们一句都听不懂"①。

另外，"俄罗斯皇家科学院于 1845 年作为礼物赠送给清朝政府的教学书籍，俄罗斯文馆也无法使用。虽然俄罗斯文馆在国家政权体系中占据着重要地位，清朝官员对其工作也给予了热切的关注，但是它的工作成果却远远没有达到其在最初成立时所设立的目标，即培养高水平的俄语翻译人才"②。这里的"教学书籍"，指的就是 800 册俄国赠书。

俄语人才培养的失败，导致中俄交流只能依赖在华传教士和精通满语、汉语的传教团学生，这势必造成交流的不平衡。而这些书在没有能力完成翻译工作的前提下，即使再受国人关注也无济于事了。

（二）清人眼中的俄罗斯形象

从历史记忆、民族性格和历史文化方面看，中俄两国自交往之初就一直存在某些冲突。清朝受华夷观念影响，视俄罗斯为藩属，与俄来华使团因礼仪之争长期处于争执状态，而能接触到的俄罗斯人却给清人留下粗鄙形象。

自俄罗斯使节巴伊科夫来华至 1845 年，两国政府已经交往近 200 年。自彼得大帝时起，俄国来华商队频繁，与中国交往非常密切。除了在中俄边境恰克图，还在北京进行直接贸易，但俄罗斯商队人员并未给清政府留下什么好印象。例如，在中俄贸易过程中，有这样的描述："俄国人，尤其是那个时代俄国人的粗犷天性，严重地危害了贸易。酗酒和斗殴滋事是俄国人被赶出中国的原因之一。没有一位商人在

---

① ［俄］季姆科夫斯基·叶·费：《1820 ~ 1821 年穿越蒙古到中国旅行》第 3 册，圣彼得堡，1824 年，第 69 ~ 71 页。

② ［俄］拉宾·帕维尔：《清朝俄罗斯文馆》，《历史档案》2011 年第 1 期。

堪察加或库伦居住一年多之后，能够从那里满载而归，因为所挣来的钱都被他们挥霍一空"。"俄国人惯有漫不经心和懒惰阻碍了贸易的发展。格梅林说，在色楞格斯克，居民的懒惰和游手好闲导致这里有商铺，却没有商品。51 个星期他们都睡在炕上，第 52 个星期时，他们去恰克图，在那里逗留 1 星期，于是靠这笔生意生活 1年。"① 而对中国人，俄罗斯人的评价则是："没有一块土地是没有播种的，没有一个山丘是没耕种的，没有一块沼泽是不被利用的，没有一座山是没种植的，没有一寸土地是不创造财富的，没有一种东西是不带来利润的"。可见，俄罗斯人酗酒、斗殴滋事和懒惰是给中国人留下深刻印象的，而中国人的勤劳也是有目共睹的。其实，俄罗斯官员的营私舞弊和清政府对贸易的轻视态度，也是阻碍中俄贸易的一个重要原因，清乾隆时期就曾三次关闭恰克图贸易。

可以说，第一次鸦片战争之前，中国在中俄贸易中占有优势。有两条来自《泰晤士报》的档案：一条是 1791 年，题名"中国对俄宣战，禁止俄国皮毛入境"；另外一条是 1809 年，题名"中国驱逐俄国学生"。也从侧面透露出清政府对俄罗斯人的态度。可见，俄罗斯来华使团、商队人员不良表现，在当时社会上产生了恶劣的影响。

（三）俄罗斯、欧洲传教士的差异

与欧洲传教士在清宫廷的卓越贡献相比，俄罗斯传教团在北京表现并不突出。欧洲基督教或新教传教士活动及其文化交流传统，促使西方汉学要早于俄罗斯汉学100 多年。

无论是俄罗斯还是欧洲传教士，都与清廷来往密切。欧洲传教士的特点是受过良好教育，因自身才干和学识深得中国皇室信赖并获重用，如汤若望、郎世宁、南怀仁、张诚等都留名青史。俄罗斯文化中有相当多的亚洲因素，对于东方而言缺乏鲜明的"他者意识"。而俄罗斯东正教在中国几乎不传教，进取性弱。虽然俄罗斯驻华传教团实际上担当驻华使馆的功能，与清廷的来往也非常密切，传教团中许多成员也曾在清政府供职，担任翻译和教授俄语。如传教士团的第一届成员约瑟夫·季亚科诺夫学习了满语，自 1725 年开始担任翻译和俄语教师。沃依科夫和列昂季耶夫

---

① ［俄］特鲁谢维奇著，徐东辉、谭萍译，陈开科审校：《十九世纪前的俄中外交及贸易关系》，岳麓书社，2010 年，第 202～203 页。

在理藩院担任翻译，在清宫的学堂中担任俄语教师①。但与欧洲传教士比较，当时俄罗斯随团学生、画家、医生，被重用者寥寥无几。多数俄罗斯传教团成员，在清人眼里与文明相去甚远。自彼得大帝始至叶卡捷琳娜二世时期，俄罗斯一直大力倡导学习欧洲，由于实施"欧化"政策，导致俄罗斯贵族和普通平民的差距很大，来华传教团虽有文化精英，但其教育背景与欧洲传教士相比并无明显优势。而传教团中的普通传教人员、学生，有的行为不检，受到的批评之声较为普遍。

罗马教廷直属的传教士马国贤（Mattero Ripa，1682～1745），曾对俄罗斯馆进行这样的描述：

> 他们的教堂，就像中国人偶像崇拜的寺庙一样，也叫作"庙"，像我们的教堂一样，门前也有一座十字架，但是边上还有两根横木。他们把天主称作"佛"，是对偶像的称呼；称教士为喇嘛，如同佛教的和尚。他们在教堂里不举行任何仪式，允许男男女女同时进入教堂，这在中国被认为是令人憎恶的……虽然院长（指修士大司祭）的服饰是如此讲究，他手下的教士们看来却可以说是粗鄙不堪的。我甚至看见他们中有人在教堂的大街上玩耍，在中国这绝对被认为是不雅观的，任何稍有体面的人都不会这样做的。②

而据 19 世纪初俄罗斯传教士记载，最受礼遇的俄罗斯传教士是修士大司祭伊拉里翁·列扎伊斯基。但"该修士大司祭 1719 年在北京死后，中国政府的善意也随之结束；因为第二届传教士团行为如此茫然……从这之后我们的传教士团已经无法在政府面前修正自己的形象，反而愈发加剧了在政府面前的不良印象"③。1731 年，理藩院向枢密院发了下述公函："修士司祭伊万不能同驻敝国的贵国学生平静相处，经常发生不睦，争吵不休。他严重砍伤了修士大司祭安东尼的手，因此现将司祭伊万送交贵国边防长官"④。"传教士团成员常常以争吵、胡闹和酗酒度日。例如，修士辅

---

① 达齐申、郝葵：《18 世纪北京的东正教传教士及其生活》，《俄罗斯学刊》2014 年第 2 期。

② ［意］马国贤著，李天纲译：《清廷十三年》，上海古籍出版社，2004 年，第 78～79 页。

③ Замечания о Китае Николая Иванова Вознесенского// НАРТ. Ф. 10. Оп. 5. Д. 832. Л. 49.

④ ［俄］尼古拉·班蒂什‑卡缅斯基编著，中国人民大学俄语教研室译：《俄中两国外交文献汇编》（1619～1792 年），商务印书馆出版，1982 年，第 217 页。

祭约阿萨夫，官封七品，曾醉酒在皇宫中寻衅闹事……"[1] 另一方面，俄罗斯传教团在华传教进取性较弱，使其没有信众基础。如 1685～1850 年，信众受洗的人数不足百人，1900 年后虽有大幅度增加，但仍与欧洲传教受众人数无法相比[2]。影响力不够，也是俄赠书不被重视的原因之一。

（四）清人的防俄意识

最早提出防俄思想的，是"清朝开眼看世界的第一人"林则徐。他在广东查办鸦片、主持编译《澳门新闻纸》，又目睹俄国胁迫清朝开放伊犁和塔城边界的现实，派人了解夷情，由此产生防俄思想，这在当时是很有预见性的。所著《俄罗斯纪要》，核心思想就是警醒世人防俄。道光二十四年（1844 年），魏源《海国图志》出版。林、魏的"师夷长技以制夷"，开启了近代中国学习西方和走向世界的历史之窗。然而，清政府没有被世界大潮警醒，对认识俄罗斯的态度并不积极，这批赠书的翻译当然也不会被提上日程。

其实，当时俄罗斯的成就已很显著。俄罗斯汉学虽然起步较晚，却有着厚重的积累并独具特色。俄罗斯的随团传教士、随团学生中产生了多位杰出汉学家，取得了令世人瞩目的成就，如比丘林、列昂季耶夫、巴拉第等。画家如列加舍夫在北京结交权贵，画了几十幅清廷皇亲国戚的画像，至今仍被俄罗斯博物馆收藏，具有重要的历史价值。由俄罗斯商人带来的毛皮，在中国宫廷、贵族中一度引领时尚。在俄罗斯国内，历经彼得大帝、叶卡捷琳娜二世和亚历山大一世的统治，19 世纪初已跻身欧洲强国之列，并成为"欧洲宪兵"。19 世纪 30 年代，俄国工厂手工业达到相当规模，积累大量的资本，工业革命的条件已基本形成。只是与欧洲、特别是与英国相比，此时尚处于工业革命早期阶段。

鸦片战争之前，俄罗斯对中国的扩张还属于试探阶段，但通过其传教团100多年的用心经营，获取大量有关中国工业、政治、经济、地理、民族等方面的情报，已对清朝了如指掌。到了第二次鸦片战争以后，其对中国的扩张也就变得明目张胆。中俄官方的首次图书交流，无疑正是处在这一历史分界点上。

---

[1] Коростовец И. Русская духовная миссия в Пекине. С. 61.

[2] 谢利瓦诺夫斯基：《东正教会在中国》，香港：中华正教出版社，2014 年，第 16 页。

第八章　乌赫托姆斯基来华报聘与清宫旧藏

笔者近年以文献为线索，检视故宫文物，发现一批著名俄罗斯宫廷珠宝制造商生产的银器尚留存于此，这是俄皇尼古拉二世派使臣赠送清廷的外交礼品，也是甲午战争之后俄廷与清宫密切交往的历史见证。由于俄国参与三国干涉还辽，清廷感激俄方仗义相助，1896 年初，李鸿章被派作特使赴俄，送去贺礼庆祝尼古拉二世加冕，在莫斯科签订了《中俄密约》。为答谢清廷，1897 年，俄廷派乌赫托姆斯基公爵来华报聘，礼品之丰厚足见俄皇当时对华态度之积极。现整理并浅析如下。

一　清宫旧藏一批俄罗斯银器来源

故宫博物院所收藏的外国文物从大的来源划分，可以分为清代宫廷对外交往过程中自然形成的外国文物收藏和故宫博物院建立后通过个人捐献、机构调拨和收购形成的外国文物收藏两大部分。而本文述及的俄罗斯文物为前者，属于清宫旧藏的一部分。

1896 年，李鸿章赴俄参加俄皇尼古拉二世加冕，受到俄廷隆重接待。

主客大臣导就旁室小憩，易公服，诣小殿，见俄皇及后。皇及后降座而迎。节相向上三揖，呈递国书，并敬呈大皇帝遥馈俄皇"头等第一双龙金宝星"一座（法人巧制）、大烛奴一对、白璧一双、色丝顾秀大红毯一幅、古铜瓶一对（二千余年物也）、嵌宝之砝蓝瓶碟各事，靡不异常华贵。其致辞，则代大皇帝申谢俄皇拒日夺辽之美意，敬贺加冕上仪，更愿永敦辑睦。俄皇答谢大皇帝，

*并劳使节。礼成而退。*①

为答谢清廷，俄皇于第二年（1897 年），派乌赫托姆斯基公爵来华报聘。乌赫托姆斯基公爵是沙皇尼古拉二世近臣，和李鸿章交往频繁，是促成李鸿章赴俄参加尼古拉二世加冕典礼、签订《中俄密约》的主要人物。在清代文献里称"乌和他木斯科""吴克托穆斯基""吴克托穆""吴克氏"等。梳理清代中俄交流史，不难发现在中俄关系中此人地位举足轻重。"乌和他木斯科"俄文名为 Эспер Эсперович Ухтомский，今天一般译为叶列佩列·叶列佩列维奇·乌赫托姆斯基。他当时陪同皇太子游历东方，皇太子回去不久就继承皇位，就是末代沙皇尼古拉二世。乌赫托姆斯基把那次旅行写成一部装帧豪华的《尼古拉二世皇帝陛下东方旅行记》，分三卷分别于 1893 年、1895 年、1897 年出版，其后又出版了英文、德文和法文版，而中文版《俄太子东游记》出版于光绪戊戌年（1898 年），令人欣慰的是，这本珍贵古籍现藏于故宫博物院②。研究乌赫托姆斯基在这个时期的政治活动，将有助于搞清 19 世纪末 20 世纪初俄国远东政策的脉络、实质和特点。乌赫托姆斯基公爵长期在远东活动，曾担任华俄道胜银行董事长、中东铁路公司俄方董事、蒙古矿业公司总经理等职务，他是俄国在远东实施扩张政策中的一个重要人物。几乎与 19 世纪末 20 世纪初俄国远东政策相始终，沙皇政府在中国东北的扩张和渗透都与他有直接相关。

乌赫托姆斯基公爵与皇太子关系密切，皇太子担任西伯利亚铁路委员会主席之后，那些想插手远东事物的人都竭力向当时的皇储和未来的皇帝大献殷勤，乌赫托姆斯基公爵在这方面自然不费什么力，因为他与皇储过从甚密并且曾陪同皇储完成远东之行。后来为了联络与中国的感情，乌赫托姆斯基公爵曾受命第二次专程前往中国，因为皇储当时对有关中国的一切都很感兴趣。此行他见到了那个时候中国主要的国务活动家、第一重臣李鸿章和他的儿子们。乌赫托姆斯基公爵非常正派，有教养，是一个优秀的人，所以他与皇帝的密切关系可能只会对皇帝产生积极的影响。但遗憾的是尼古拉二世皇帝在位的后半期，特别是自普列维担任大臣以后，他已经

---

① 钟书河编，蔡尔康等译：《走向世界丛书·李鸿章历聘欧美记》，岳麓书社出版，1986 年，第 46 页。
② 见多丽梅博士后出站报告《清代中俄物质文化交流研究——以故宫和俄皇宫典藏为中心》，2016 年。

完全被排挤出宫廷，现在皇上再也不与他见面了①。

文献所载乌赫托姆斯基公爵这次觐见，从策划、启程、登陆上海、天津，直到文华殿觐见，沿途皆有相关报道，史料翔实。

在乌赫托姆斯基公爵启程之前，清政府获悉俄使来华报聘消息，曾电出使俄罗斯大臣许景澄："俄派吴克托送礼必有国书，若是专使，自应优待，偕行几员？准于何时起程？经由何路？询明电知文"②。说明清政府对此事重视，另外其他文献也提及乌赫托姆斯基公爵来华。

> 吴克托穆斯基为俄主派送礼物，伊得信先来相告，并言去夏早拟有此役，因外部罗拔诺夫与之不协，特请国主将答赠宝星寄至伦敦，托李傅相带呈，因此沮止今日始遂此行等语。……吴克此行正与相似，外部请照喀使礼节盖欲援照二等公使为比例耳，原节略译呈哈，并言吴克至中国送礼以外，不办出使之事，惟有权可商铁路事件，又近晤户部大臣威特亦言吴克送礼差毕，伊现充铁路公司局董，顺便有事商办。弟询所商何事？威特谓如定勘路线及开采煤矿之类俟。③

> 甲申上御文华殿，俄罗斯国答聘使臣王爵乌和他木斯科觐见。④

乌赫托姆斯基公爵于文华殿两次觐见，时间分别为1897年4月25日和4月27日。而彼时《申报》也密切关注此次觐见，有详细报道，甚至还列出赠皇上、皇太后、恭亲王、庆亲王、李鸿章及总署各大臣的礼品清单。

> 俄使入觐——京师访事友人来函云：四月二十日，俄正副使臣到京入城时先赴东堂子胡同总理衙门，与总署王大臣等相见，然后乘轿回东交民巷俄国使署。翌日，俄使又至西华门外北长街军务处谒见恭邸。因皇上驻跸颐和园，尚

① 国家清史编纂委员会编译丛刊：《维特档案——访问记笔记》第一卷（上），社会科学文献出版社，2016年，第512页。

② 电报档，题名：为询明电知俄国派员送礼事宜事；档号：2-03-12-023-0021；缩微号：008-0777；具文时间：光绪二十三年正月十二日。

③ 《许文肃公遗稿12卷》卷九函续五，民国本，第234页。

④ 《清实录·大清德宗景皇帝实录》卷之四百四，光绪二十三年丁酉夏四月。

未回驾，至廿五日始在文华殿觐见，随进礼单计二十余件，闻皆珍贵之物。款待俄使礼貌亦格外有加，邦交之厚于兹可见。①

享用多仪——俄国特遣异姓王爵吴克氏，入京报聘前已备纪报章，兹得京师采访友人来函云，吴克氏于前月二十五日趋诣文华殿觐见皇上，呈递国书及俄皇所馈诸珍，并请觐见皇太后。旋奉懿旨命大皇帝恭代，吴克氏遂于二十七日又趋诣文华殿进呈俄皇太后致中朝皇太后书，由皇上转呈，慈览所有俄皇馈皇太后诸珍，分列于下：计，圣耶喀帖里纳镶钻石宝星一座、莫斯科旧都织造极品缎绸若干、镶金钢钻冠一顶、银制梳具全分、青金石小桌一张、宝针一枝、古扇一柄、留声器一副；其馈皇上者为：银制义士像一尊，下有古玉座；青金石瓦一枚，下有青金石座；极品元狐皮四张、盛酒宝樽一具，杯十六枚；景泰蓝大约一柄；鸷鹰银酒匜一具，杯六枚；花果盒一具；此外馈赠恭邸、庆邸珍物各六品，李傅相八品、总署各大臣各三品、亦可见中俄交谊之深矣。

丙戌（原文）上御文华殿，俄罗斯国使臣乌和他木斯科觐见。呈递俄太后进慈禧端佑康颐昭豫庄诚寿恭钦献崇熙皇太后国书，暨宝星礼物，上传懿旨答谢。又谕电寄乌和他木斯科赍来款洽敦睦之书，珍重华贵之品，实深欣谢。奉我皇太后懿旨，承大俄国皇太后厚意有加，寄赠国书宝星礼物等件，代伸致谢。均著许景澄先为敬达。②

以上是乌赫托姆斯基公爵此次觐见清廷相关的活动。而俄罗斯学者也写实地描述了此次觐见。时任俄罗斯传教团随团医生、记者科尔萨科夫在其著作《老北京》中曾有描述，为还原当时情境，笔者译其片段如下：

1897年5月14日（农历日期）早上7点，所有俄使馆的人以乌赫托姆斯基公爵为首，由大清皇宫派来的轿子来俄使馆接走，觐见皇帝。当时场面是非常宏伟和壮观的，乌赫托姆斯基公爵乘轿在整个队伍前面，公爵身佩中国双龙勋章，轿两侧分列全副武装的后贝加尔哥萨克士兵，公爵后面轿子里坐着使馆其他人员和外交官。整个队伍有22乘轿子，浩浩荡荡行进。接待这样的使团，中

---

① 见《申报》1897年6月7日第1版第8670期。
② 见《申报》1897年6月7日第2版第8675期。

国人显得有条不紊，一切照旧。从使馆到皇宫的街道尘土飞扬，附近的东西都看不清，因为中国人是下午往街道上洒水除尘的。人们见到使馆的队伍也司空见惯，街上照样行走着骆驼商队，人们赶着驴车，上面装满青菜，青菜品种主要有葱、大蒜、白菜和萝卜。城市生活没有任何变化，人们各行其是。尽管天还早，但来到皇城脚下的人已经很多，整个大街上没有一个警察，只有在第一道门（大清门）入口的地方有一些手持竹棍的警察，他们维持人群直行的秩序，但并不使劲驱赶。乌赫托姆斯基公爵这么早的觐见对皇上来说并不罕见，有时早上4点钟就有各部大臣来汇报工作。觐见经常是早上5点钟就开始了，遇有重要事情甚至在深夜觐见。直到太阳落山，一天的活动结束。[①]

这是乌赫托姆斯基公爵觐见光绪皇帝的当天，皇宫周围普通民众的情况。对这样的来访，生活在北京的普通民众已经司空见惯，一切照旧进行。

乌赫托姆斯基公爵觐见时代表俄皇赠送的礼品在《李鸿章历聘欧美记》中也有详细记录：

> 俄使之初至也，李中堂亦迎诸郊外。迨入觐礼毕之后，王大臣宴诸总署，皆甚彬彬有礼。至俄皇致馈多珍，迭据日报所探，爰并录之。其馈赠皇太后者，计：圣耶喀帖里纳镶钻石宝星一座，木司寇旧都织造极品绸缎若干匹，青金石小桌一张，镶金刚钻冠已定，宝针一支，银制梳妆具全分，古扇一柄，留声器一副。馈赠皇上者，计：银制义士像一尊，下有古玉座；青金石瓶一具，下有玉樾；杯勺十六件；银景泰蓝大勺一把；鳌莺银酒匜一具，杯六只，盛花果盒全具。以上各物品，约共值四十万金。此外，尚有赠送恭、庆二邸物品各六色，李傅相八色，总署诸大臣每位各三色。[②]

科尔萨科夫的描述则对这批礼物有更为详细解释：

> 赠送慈禧太后的礼物是叶卡捷琳娜勋章，专为非基督教徒而制，上面钻石价值超过5000卢布；一套银制卫浴用具；由黄金和嵌有巨大红宝石的蛇形冠

---

① Корсаков В. В старом Пекине, В. Очерки из жизни в Китае, ГЛАВА IX , СПб. 1904.

② 钟书河编，蔡尔康等译：《走向世界丛书·李鸿章历聘欧美记》，岳麓书社出版，1986 年，第 59 页。

这份礼物，在当时当之无愧的重礼，中国人非常喜欢珍贵的石头；一把带绘画的白色缎面扇子，嵌金边；一个青金石小桌；一个留声机。慈禧太后对所有新发明非常感兴趣，在她殿里已经装了电灯、电话，去年还从巴黎运来留声机。在她花园的池塘里有电动船航行，陆地上有电动车行驶。除了这些，赠给皇后很多布料，包括金银丝绸缎，织锦缎，金银波纹丝绸，天鹅绒。赠给恭亲王的是一套带六个杯圆形容器，由格拉乔夫工厂制造；一对蔷薇石花瓶；法贝热银制公鸡花瓶；青金石小桌和一个石制梳妆台。赠给李鸿章的是：一套银茶具；一对格拉乔夫工厂制造的银制玻璃瓶；镶嵌钻石的帽子；彼得大帝像；鼻烟盒。李鸿章肯定对赠送他彼得大帝像非常满意，像所有中国人一样，他们总是能看到一些背后隐含的意义。在中国他无疑是个杰出的人物，赠给他彼得大帝像，他一定受宠若惊。

此外，依清廷惯例，来使报聘，待返回时必回赠更优厚之礼品。

报礼优崇——俄廷简异姓王爵吴克氏来华报聘，并递呈俄皇馈遗中国皇太后、皇上诸珍。及事竣，回国各情前均列之报牍，昨日天津采访友人来信云，当吴爵使启行之日，皇上以回赠之物交其敬谨。回计，皇太后赠俄皇者为：御笔字一幅、御笔画一轴、金珠凤簪一对、宫内自生菩提珠一盘、通玉如意一柄、白玉寿山一座、黄玉龙樽一具、古铜素馥一枚、白地五彩磁山水人物大瓶一对、金卍字地大寿字缎四匹、金寿字缎四匹；皇上赠俄皇者为：白玉果盘一枚、白玉盖碗一对、青金石插屏一对、旧玉拱璧一枚、旧玉苍璧一枚、绿地五彩磁盘一对、豆青磁杏元壶一具、古铜周咒敦一具、古铜周夔纹鼎一具、五彩磁瓶一对；皇太后赐吴克氏者为：御笔虎字一幅、御笔画一轴、通玉如意一柄、汉玉方壶一具、明磁大碗一对、豆青磁瓶一枚、古铜周举蹲一具、金寿字缎四匹；赐随员御林军王爵沃勒阔讷斯科者为：御笔虎字一幅、白玉拱璧一对、青花□地磁瓶一对、古铜宝鼎一具；赐随员御林军官昂德列也福斯齐者为：御笔虎字一幅、旧玉带盖瓶一枚、霁红磁樽一具、古铜宝鼎一具。①

---

① 见《申报》1897 年 6 月 7 日第 1 版第 8708 期。

以上部分礼品仍藏于俄罗斯艾尔米塔什博物馆。

对照以上文献并检视故宫博物院文物，发现清宫旧藏的"银义士像""錾莺银酒匜""盛花果盒全具"及银珐琅盘（一对）、银树式座双耳洗（一对）源于此次觐见。其中"银义士像""錾莺银酒匜""盛花果盒全具"为赠送光绪皇帝的礼品。同时清宫旧藏俄罗斯银器，奥夫钦尼科夫银珐琅盘及格拉乔夫银树式座双耳洗符合文献描述，故判定也源于此次觐见礼品。

二 寓意深刻的俄罗斯银器

俄罗斯的御用珠宝供应商制造出众多精美银器，以设计制作精细、用料考究而闻名于世。根据清宫旧藏俄罗斯文物上的俄文款识，判定上述俄文文物分别是"法贝热""奥夫钦尼科夫"及"格拉乔夫兄弟"公司生产。"法贝热"以精湛工艺、设计巧思和镶嵌珠宝、装饰华丽取胜，是俄罗斯皇室珍宝制造的名片，其中"法贝热"为皇室制作的彩蛋最受推崇。在"法贝热"盛名之下，奥夫钦尼科夫的银器、珐琅器在国外鲜为人知。其实奥夫钦尼科夫在珐琅工艺、银器制作方面做出卓越贡献，他制作的作品让全世界皇室为之着迷，其主要取材源于古代俄罗斯和近现代艺术家绘画。奥夫钦尼科夫本人就亲自耗费大量精力选择绘画作品，还曾多次到地处偏远的地方寻找独特的历史题材绘画。掐丝珐琅工艺的复兴不仅在俄罗斯，而且在欧洲都是和奥夫钦尼科夫的努力密不可分的①。格拉乔夫兄弟公司创建于1866年，其制造的银器艺术品享誉国内外，并多次在世界博览会上获奖，是俄罗斯著名银器制造商。1892年，格拉乔夫兄弟公司获得宫廷供应商的荣誉，和其他工厂一样，1918年停止生产②。

（一）银义士像

故宫博物院藏的俄罗斯文物中，最大的器物是一件银义士像，是奥夫钦尼科夫工厂创作的历史题材作品。像高1.5米，重有1吨余，塑像中心是一位俄罗斯将军模样的人，胸前有俄罗斯双头鹰国徽，骑高头大马，左手持战旗，右手持链扣枷锁，

---

① https：//w. histrf. ru/articles/article/show/ovchinnikov_ paviel_ akimovich.

② https：//kupitkartinu. ru/painters/grachevyi – bratya – firma/.

头戴钢盔，身披铠甲，战马左侧一位士兵牵马，右侧立有一位妇女和儿童。该塑像为红色花岗岩底座，两侧分别有哥萨克士兵和保加利亚士兵，底座前部有俄罗斯双头鹰标志，两侧分别刻有"1891"和"1897"字样。这样庞大的塑像更像一个纪念碑，像在纪念相关的历史事件。根据文物上的信息，"1891"和"1897"分别应该是两个年代，但与此相关年代的历史事件很难关联起来，笔者最终在俄文文献中找到相关叙述（图8.1、8.2）。

图8.1　银义士像（故宫博物院藏）　　　　图8.2　银义士像（故宫博物院藏）

有关银义士像在俄方文献是这样描述的，笔者译原文如下：

这件雕塑作品，是由奥夫钦尼科夫工厂制作完成的。塑像主题是表现解放保加利亚，一位俄罗斯骑士骑在马上，左侧俄罗斯农民赤脚穿凉鞋牵着马缰绳，右侧一名站立的妇女一边亲吻旗帜的一角，一边还领着个孩子，孩子手持带保加利亚国徽的盾牌。整组人物像置于花岗岩底座之上，两侧分别有代表黑山和保加利亚的银雕人物像。虽然这组塑像是在俄罗斯完成，但表现的是与中国无关的重大历史事件，而且中国人未必理解其中的暗示。雕塑组的价值是7000多卢布。①

---

① Корсаков В. В старом Пекине, В. Очерки из жизни в Китае, ГЛАВА IX , СПб. 1904.

　　19 世纪到 20 世纪初，俄罗斯的金银制品无论是在工艺水平还是在制作水平上，都走在了世界金银器制作的前列，这一时期出现了大批著名的工匠，也制作出了很多具有代表性的作品，银塑雕就是这个时期最具代表性的作品之一。它主要以人物造型为主，利用模压浇铸的方式，在一件作品上表现出一种完整的场景，一个场景用多个模压浇铸构成，之后再用锤揲、錾刻或是浮雕的制作方法表现人物的细部，比如人物的头发、胡须等，或是刻画人物的表情。这件银义士像就是用以上方法制成，实为一件雕塑作品，当时价值 7000 卢布，也是奥夫钦尼科夫的精品之作。通过此银义士像，沙皇政府其实想要表达的是，在当时清政府内忧外患的困难时期，俄罗斯对中国依然如骑士一般，像保卫保加利亚一样会保卫中国。

（二）银贴花双耳三足双头鹰盖炉

　　旧称"錾莺银酒匜"。清宫旧藏，炉通高 61 厘米，口径 53 厘米。三足、两耳、鼓腹。腹部贴饰花草银片，颈部主题装饰"S"纹，在正中位置前后各有俄国双头鹰徽章一。炉盖上窄下宽，平顶，顶部为体型较大的立体双头鹰。双头鹰本身制作令人叹服，盖内有"К. ФАБЕРЖЕ"俄文款识，就是著名的"法贝热"创始人的名字 Карл. Фаберже，这些细节完成得精细而完美。该器物纹饰符合其一贯的奢华装饰风格，通体镀金装饰，但如此大器型在法贝热制品里并不常见，法贝热以制作精巧彩蛋取悦皇室。据统计，自 1885 至 1916 年，法贝热一共为皇室制作了 50 枚彩蛋。法贝热的作品以能揣摩圣意受宠，他能将沙皇日常生活中的点滴融入所创作的作品中。而觐见中国皇帝是极为重要的政治事件，必然要求艺术表现更为精湛。1882 年 7 月 24 日，沙皇亚历山大三世在彼得霍夫签署了关于帝国国徽的新法令。沙皇保罗一世设计的"节日国徽"被接受作为俄罗斯帝国大国徽使用。但是做了一些改动，马耳他大十字被取消了。背景的猩红色、金黄色流苏也拿走了。左右还有两个标准尺寸的双头鹰也取消了。同时还增加了象征新近征服的中亚地区各国的纹章。1883 年 2 月 23 日，俄国沙皇亚历山大三世签署命令，恢复旧国徽的使用，但是双头鹰头顶上皇冠的颜色由金色变成银白色。这就是器物腹部上的浮雕国徽，而炉盖上面的双头鹰雕塑，则立体呈现了俄罗斯国徽，省去两个小皇冠和中亚地区各国的纹章。在一件器物上两次出现国徽主题，既强调出国家特征，又体现了俄罗斯王权标志，这件法贝热作品无疑完美完成了使命。

　　根据文物定名规则，故宫博物院将其命名为"银贴花双耳三足双头鹰盖炉"

（图 8.3、8.4），而此器物在俄罗斯被称为布拉吉纳（Братина），是流行于俄罗斯 16 至 19 世纪的球形容器，这种极具代表性的器物是在盛大宴会上用于盛放酒精性饮料的。布拉吉纳有各种材质，彰显皇家气派的通常用金或银制造，外部装饰用银制花草，被用作很贵重的礼物。其形式多样，大小不一，有的有圆锥形盖，一般都配 6 ~ 12 个杯子。文献中提到的与"錾莺银酒匜"配套的 6 只杯子不知所踪。

图 8.3　银贴花双耳三足双头鹰盖炉①　　　图 8.4　银贴花双耳三足双头鹰盖炉款识②

（三）银刻花双耳六足椭圆盘

文献中称"花果盒一具"。清宫旧藏，盘高 18 厘米，长 93 厘米，宽 45 厘米。盘以月桂花冠为双耳。盘体周围饰莨苕叶纹、团花等。清室善后委员会点查清宫文物时，此盘所编千字文号为：吕一九四五。查《故宫物品点查报告》，可知其原藏养心殿，当时记作"洋铜镀银盛花果具"③。

该器物用于盛放果品，陈设养心殿，说明这件器物很受清廷重视。除了实用器、

① 故宫博物院、故宫鼓浪屿外国文物馆编：《海国微澜：故宫鼓浪屿外国文物馆展览图录》，故宫出版社，2017，第 127 页。

② 故宫博物院、故宫鼓浪屿外国文物馆编：《海国微澜：故宫鼓浪屿外国文物馆展览图录》，故宫出版社，2017，第 126 页。

③ 故宫博物院、故宫鼓浪屿外国文物馆编：《海国微澜：故宫鼓浪屿外国文物馆展览图录》，故宫出版社，2017 年，第 96 页。

陈设器外，通过富有俄罗斯艺术气息的器物，清帝能够由此获取俄罗斯的信息，也体现中俄关系的密切交往（图8.5）。

图 8.5　银刻花双耳六足椭圆盘

（四）银珐琅盘（一对）

清宫旧藏，高 0.5 厘米，直径 13.5 厘米。此盘两件为一对，盘内底中心为凸起的俄国双头鹰徽章，盘口宽沿，其上镶嵌珐琅，装饰波浪、花草等纹饰，整个口沿处装饰感强，颜色蓝绿黄相间。盘底有 84 银标识，代表含银量到达 87.5%。款识为奥夫钦尼科夫工厂当时一贯使用的俄文"П. Овчинниковъ"。奥夫钦尼科夫把掐丝珐琅技艺发挥到极致，该厂大部分的银器都使用掐丝珐琅技术，精细的银器中间填充着各种色彩，带有独特的俄罗斯风格（图8.6、8.7）。

图 8.6　银珐琅盘①

---

① 故宫博物院、故宫鼓浪屿外国文物馆编：《海国微澜：故宫鼓浪屿外国文物馆展览图录》，故宫出版社，2017，第 123 页。

图 8.7　珐琅盘款识①

卡尔萨科夫在《老北京》中提到奥夫钦尼科夫珐琅银器：

给总理衙门的其他人赠送每人一顶嵌钻石的帽子和各种礼物，有格拉乔夫和奥夫钦尼科夫工厂制作的珐琅银器、玻璃器等。还有一些雕刻玉制花瓶，其中有些雕工非常精细，有两个小花瓶是用碧玉雕成，价值 2200 卢布，雕工令人赞叹；兽头银杯；其他大臣，除了上述礼物，还有带链的金表和长袍。礼物总数价值超过 7 万卢布。

（五）银树式座双耳洗（一对）

清宫旧藏，高 43 厘米，直径 33.5 厘米。洗通体银质，两件为一对。其主体为树形，枝叶舒展，上托银盘。银盘绳纹装饰，营造出织物编织的效果，其中一件树下有鹿四只，成年的两只举目张望，两只幼崽低头觅食；另一件树下则有熊两只，其一在行走，另一在卧睡。树与底座之间连以螺丝，非常稳固②。银盘底部有 "84" "1893" 年等数字及俄文款 "Грачевъ"，分别代表 "84 银" 和 "1893 年" 及格拉乔夫兄弟工厂制造等信息。这对由格拉乔夫兄弟工厂制造的银器，以其精湛的工艺展示了俄罗斯银器制造业的辉煌（图 8.8、8.9）。

---

① 故宫博物院、故宫鼓浪屿外国文物馆编：《海国微澜：故宫鼓浪屿外国文物馆展览图录》，故宫出版社，2017，第 122 页。

② 故宫博物院、故宫鼓浪屿外国文物馆编：《海国微澜：故宫鼓浪屿外国文物馆展览图录》，故宫出版社，2017，第 124 页。

图 8.8　银树式座双耳洗

图 8.9　银树式座双耳洗款识

三　小结

罗曼诺夫王朝的最后统治者，尼古拉二世对银器情有独钟。为制造精美银器，广招欧洲杰出工匠。在银器鉴赏方面，他的审美品位超越了欧洲皇室。因此，19 世纪末至 20 世纪初，大量巧夺天工、奢华无比、美不胜收的俄罗斯银器被制作出来。这从清宫旧藏的这批文物可见一斑，显然这是俄政府精心订制、遴选，成功策划的一次礼品外交。从银义士像的制作和隐含的寓意来看，当时保加利亚视俄国为解放者，俄国也把保加利亚视为最忠心的小弟。而本应送给保加利亚的塑像最后决定送给中国，其处心积虑要表明的是，俄罗斯会像保护保加利亚一样充当中国的解放者，但清廷未必领会其深意。同样，赠送给李鸿章的彼得大帝像也寓意深远，暗示李鸿章有开拓精神，犹如彼得大帝，显然有吹捧之意。

从此次报聘留存文物来看，反映了礼品优厚和价值高昂，显示俄皇对当时中俄关系的重视程度。同时选三个御用皇室供应商的艺术品作为外交礼品，彰显俄罗斯银器手工艺制造的巅峰，其意图是在增强俄罗斯在中国的影响力。值得一提的是，在斯大林时期，大量古董银器被下令熔炼成银换外汇，使得俄罗斯银器传世量非常少，而后代的银匠再也做不出当初巅峰时期的工艺。因此，故宫的这批反映俄罗斯宫廷奢华风格的银器弥足珍贵，从文物的角度具有稀有性，有的甚至仅有一件，如银义士像；从历史的角度它们具有文物价值和史料价值，同时，更是清代中俄宫廷文明史上交往最鲜活的见证。

除了上面提到的文物，其他赠送慈禧和其他人的礼品在故宫尚未发现，有待进一步挖掘。

第九章 清俄官方末次图书交流

一 引言

《Путешествие на Восток Его Императорского Высочества Наследника Цесаревича 1890~1891》，译为《皇太子东游记1890~1891》，记述了俄帝国最后一位沙皇尼古拉二世（Николй II Алексндрович，1868~1918）作为王储时，于1890~1891年间所经历的一场盛况空前的游历东方教育之旅。旅行历时9个月，期间访问了希腊、埃及、印度、泰国、缅甸、中国、日本等国。

为了加强对王位继承人的培养，从彼得大帝时代开始，"教育旅行"就成为俄国皇室成员的传统。一方面，与不同民族、不同文化、不同宗教、不同社会阶层的人交流，是君主获得国家统治经验和信息的重要来源；另一方面，未来君主的视野、人生阅历、教育广度和他们将来管理国家的智慧与能力息息相关。除此以外，王储的旅行受到东方各国的友好接待，加强了俄帝国与其他国家之间的外交关系，也是获取政治、经济、军事情报的有效途径。

《皇太子东游记》（Путешествие на Восток Его Императорского Высочества Наследника Цесаревича 1890~1891）的著者乌赫托姆斯基公爵在出发前几天因编史工作加入进来，其全名为 Эспер Эсперович Ухтомский，一般译为叶列佩列·叶列佩列维奇·乌赫托姆斯基，清代文献中出现的邬多穆斯基、王爵吴克托穆斯基、吴王、吴克托、乌克托木斯基、乌和他木斯科、乌赫唐斯基都是指乌赫托姆斯基。乌赫托姆斯基毕业于彼得堡大学历史语言学系，他是东方学家、外交官、收藏家、诗人，多次到过蒙古、中亚和中国。他了解东方，懂外语，在社会上享有无可挑剔的声誉，受命撰写此行，将皇太子的日常生活中发生的事件和沿途地理、历史、文化等方面的信息记录下来，乌赫托姆斯基是最合适的人选。书编著出版持续了 5 年（1893～1897 年），共印制三次，分豪华版与普通版。由 F. A. 布罗克豪斯出版社在圣彼得堡和德国莱比锡出版，1893 年出版书名为《Путешествие на Восток Его Императорского Высочества Наследника Цесаревича 1890～1891》，译为《皇太子东游记 1890～1891》。1894 年皇太子登基之后，书名改为《Путешествие Государя Импера тора Николая II наВосток в，1890～1891），译为《沙皇尼古拉二世东方旅行记》。第三次于 1897 年出版，已有官方意味，被当作政府教科书发行全国各地。著作最早以俄文出版，分三卷六部（每卷两部），由皇帝个人出资 1.3 万卢布，同时又从沙皇办公室拨出 57736 卢布 20 戈比用于出版①。不久又出版了英文、德文、法文及中文共五种语言版本。

中文版最为特别，尼古拉二世下令共印制 3 部，2 部被当作外交礼品送入了中国宫廷。其前因是，1896 年 2 月 10 日，光绪帝授李鸿章为"钦差头等出使大臣"，赴俄国出席沙皇尼古拉二世的加冕典礼。此番出使，是清政府位望如此之隆的重臣第一次出访，访问受到俄宫廷礼遇，并签订了《中俄密约》，该密约签订后，俄国正式获得中东铁路的修筑权。为答谢清廷赴俄，1897 年，俄宫廷派乌赫托姆斯基公爵来华报聘，从清宫旧藏看出俄赠礼品丰厚，足见俄皇当时对华态度之积极。而当时《俄太子东游记》尚未出中文版，但已在筹划中。1898 年出版后，于 1899 年 9 月 30 日，由俄国驻华全权公使格尔斯（М. Н. Гирс，1856～1932）②，委托时任沙俄财政部官员璞科第（Д. Д. Покотилов）③，将《俄太子东游记》中文版赠送清廷帝后。为此，受到慈禧太后及光绪皇帝的召见表彰④。

---

① Комолова А. А. Альбом Э. Э. Ухтомского《Путешествие на Восток Его Императорского Высочества Наследника Цесаревича 1890—1891гг .》- приватный и дипломатический подарок.

② Схиммельпеннинк ван дер Ойе Д. Навстречу Восходящему солнцу: Как имперское мифотворчество привело Россию к войне с Японией［пер. с англ. Н. Мишакова］. - М. : Новое лит. обозрение, 2009. С. 80.

③ Дми́трий Дми́триевич Покоти́лов（1865—1908）— русский дипломат и предприниматель, действительный статский советник（1900）посол в Китае.

④ Хохлов А. Н. Наследник русского престола в гостях у китайского реформатора Чжан Чжи - дуна（из истории российской дипломатии в Китае 90 - х гг. XIX в.）. XXIX НК ОГК. М. 1999. с. 105.

二 《俄太子东游记》在故宫发现始末

2014 年，笔者进入故宫博物院博士后工作站工作，选题是在故宫和俄皇宫典藏基础上，研究清代中俄物质文化交流。由此，开始关注故宫藏的俄罗斯文物。这个选题因少有前人成果可供参考，学界甚少有人涉及，加之档案文献分散，有些相关历史档案不开放，导致很长时间内一无所获。根据相关文献得知，有两部中文版《俄太子东游记》作为外交礼品被送到了清廷。既然如此，清宫旧藏里是否还有这件文物呢？带着疑问笔者遍查中俄英文献和外国文物，根据故宫文物数据，外国文物共 2200 余件，逐个查找无果。与俄国相关的信息很有限，很多外国文物来源信息缺失，这为查找增加了很大难度。笔者虽身处故宫，文物资源得天独厚，但面对 186 万余件藏品，仍如大海捞针。

文献记载，俄皇太子（Николй Алексндрович，1868～1918）于 1890～1891 年奉旨东游，途中到访中国。清光绪十六年（1890 年）十二月初四日，光绪发谕旨关心俄太子东游事宜，吩咐官员要"奉旨著电致各督缮抚俄太子抵口岸照议亲行款待"①；李鸿章发电报对俄太子接待和行程一一具报："为伦敦电俄太子游日本中国不果等事"②，"为伦敦电俄太子起行游历印度等事"③，"为抄知各省俄太子随员名单等事"④，"为闽督电款接俄太子事"⑤；《清史稿》载："十七年，俄遣兵至海参崴开办

---

① 档号：1－01－12－016－0021。类项：谕旨类－电寄谕旨档－光绪－016。文件起始页 0021。页数：1。题名：奉旨著电致各督缮抚俄太子抵口岸照议亲行款待事。光绪十六年十二月初四日。

② 档号：2－02－12－016－0477。类项：综合类－电报档－光绪－016。文件起始页：0176。页数：2。题名：为伦敦电俄太子游日本中国不果等事。具文时间：光绪十六年九月初八日。收发人：收北洋大臣李鸿章电。

③ 档号：2－02－12－016－0523。类项：综合类－电报档－光绪－016。文件起始页：0192。页数：1。题名：为伦敦电俄太子起行游历印度等事。具文时间：光绪十六年九月二十九日。收发人：收北洋大臣李鸿章电。

④ 档号：2－02－12－016－0635。类项：综合类－电报档－光绪－016。文件起始页：0235。页数：1。题名：为抄知各省俄太子随员名单等事。具文时间：光绪十六年十二月初五日。收发人：收北洋大臣李鸿章电。

⑤ 档号：2－02－12－016－0643。类项：综合类－电报档－光绪－016。文件起始页：0237。页数：1。题名：为闽督电款接俄太子事。具文时间：光绪十六年十二月初六日。收发人：收北洋大臣李鸿章电。

铁路。是年，俄太子来华游历，命李鸿章往烟台款接。初俄欲中国简亲藩接待，未允，乃遣鸿章往，有加礼"①。可见，清廷对俄太子此行的重视，从访华接待地点到接待礼仪以及礼品都有详细筹划。

除了档案，笔者大量翻阅与此相关的文物信息，终于在 1925 年的《故宫物品点查报告》中·第三编·第四册体顺堂部分（图 9.1）发现编号为二六二八一册《俄太子东游记》，有 2 本。但找到文献记载和对应具体文物仍然不是一步之距，众所周知，点查报告里的文物后来历经文物南迁，有些已经不在宫内，加之很多文物被重新整理分类，仍然毫无头绪。这样的查找工作断断续续持续了几年，一般来说，古籍一般是指编纂、写印于 1912 年以前历朝的刻本、写本、稿本、拓本等书籍。《俄太子东游记》出版时间为 1898 年，故属于古籍无疑。"众里寻他千百度"，终于在遍查所有特藏、古籍之后，在故宫博物院图书馆找到这本中俄文明交流史上重要的文物——《俄太子东游记》中文版。

图 9.1　故宫博物院藏《俄太子东游记》
（拍摄于故宫博物院）

① 《清史稿》志一百二十八邦交俄罗斯段 9991。

中文版《俄太子东游记》，百多年来未有国内外或故宫学者检阅和研究，更没有人认定其价值。这本书并未被列入特藏，与故宫少有人关注与俄罗斯相关文物有关，同时这本书看起来是一本中文书，如果不知道它背后的历史，很难将之与珍贵古籍联系在一起。找到这部《俄太子东游记》后，根据《故宫物品点查报告》还应有一部，但在故宫遍查无果。根据故宫档案，20 世纪 50 ~ 80 年代，故宫曾调拨一批文物给国内其他文博单位，这部书应该就是那时被调拨走的。果然，经过多方查找，笔者在北京大学特藏部找到这本《俄太子东游记》。为对比两部异同，笔者曾于 2016 年到北大调阅，并复印了该书的主要部分。除以上赠送清廷的两部外，第三部稍晚印制，当时沙皇下令藏于俄罗斯帝国图书馆。2018 年，俄罗斯学者克里姆林宫博物馆的科莫洛娃研究员在多年探索后，在俄罗斯国家图书馆（原俄罗斯帝国图书馆）找到。笔者于 2019 年底到访俄罗斯国家图书馆，在东方部馆长帮助下提看了此书。迄今为止，三部中文版《俄太子东游记》笔者已全部看到。

根据藏于俄罗斯国家图书馆的《俄太子东游记》来看，书被放置于贴着黑色花纹的六合函套里，上面铺着棉纸。函套内附有柔软华丽的衬垫，书由象牙色摩洛哥皮包成，置于衬垫之上，仿佛一颗珍贵的珍珠①。俄藏本配有函套，但根据 1925 年《故宫物品点查报告》，藏于故宫的两册没有函套（图 9.1 可见）。但书外观异常华美，封面压花烫金、长方形金框装饰花草纹，纹饰近似清代掐丝珐琅彩。所用纸张稀有（与现在铜版纸类似），铅印版，装帧考究，内有文 111 面、图 479 面（部分上彩），包括照片、版画、平版画和水彩画，未设页码。《俄太子东游记》的中文版封面及扉页有如下信息，书名：《俄太子东游记》，著者：王爵吴克托穆斯基，出版地：德来泽城璞洛喀次书坊藏板，出版年：光绪戊戌年（1898 年）。可以看出，该书在结构和色彩设计上都是经过深思熟虑，其内容和视觉效果让中国读者感到亲切，中国传统文化被重新演绎，并最终回到它的起源地。《俄太子东游记》中文版是俄文版的删节版，仅描述俄皇太子一行游历中国和被接待的盛况，关于其他国家的描述较少。但插图部分却极尽展示沿途东方各国政府热情接待皇太子的宏阔场面，详细记述了所见东方文明古国的风土人情，对东方的政治、经济、军事情报非常关注。同时，

---

① Комолова А. А. Альбом Э. Э. Ухтомского 《Путешествие на Восток Его Императорского Высочества Наследника Цесаревича 1890 – 1891 гг.》 – приватный и дипломатический подарок.

俄国对东方的优越感随处可见。

三　与俄太子东游相关的文化遗产

1890 年 11 月 4 日，秉承沙皇亚历山大三世的旨意，时为皇太子的尼古拉，一行 30 多人乘"亚速号"巡洋舰从俄罗斯的加特契纳启程东游。为了给皇太子保驾护航、出谋划策，此次东游汇聚了当时一些重要人物，其中包括尼古拉的弟弟格奥尔基亲王、希腊王子、格里高里·达尼洛维奇将军、伊凡·舍斯塔科夫海军上将、地理学家亚历山大·伊凡诺维奇·阿索甫号一级船长洛民等人。1891 年 4 月，皇太子抵达中国香港后，又加派三人陪同游览了中国的香港、广州、汉口、金陵（未登岸）和九江（仅会晤了俄商）。这三名官员"一为副将布底阿达，系派驻北京武随员，二为北京使署翻译官瓦霍维赤及璞科第，皆精通中国语言文字，布君始在土尔吉斯坦当差，熟悉亚洲，继驻天津，并游内地，故中国兵力知之较确"①。

尼古拉二世此行，留下了相关的文化遗产。第一，著者乌赫托姆斯基是中俄关系史上的重要人物，张建华教授提到，"19 世纪末 20 世纪初，中国东北成为世界帝国主义竟（竞）相觊觎的目标，在所谓的'满洲问题'上充满了欺诈、阴谋和幕后交易。在此期间，一个颇为神秘的人物，频繁地往来于彼得堡、海参崴、北京、上海等城市之间，诡秘地显现于沙皇尼古拉二世、首席御前大臣维特和清廷显贵李鸿章等人之侧，勾结于朝野，策划于密室，他就是素有'民间外交家'之称的俄国贵族——乌赫托姆斯基公爵。他负有重要秘密使命，长期在远东活动，曾担任华俄道胜银行董事长、中东铁路公司俄方董事、蒙古矿业公司总经理等职务，他是俄国在远东实施扩张政策中的一个重要人物"②。需要提及的是，此行皇太子亲自出席了在符拉迪沃斯托克举行的西伯利亚大铁路开建庆典。王光祈译的《李鸿章游俄纪事》也有提到，"自不幸的俄日战争以后，以及余（指维特本人）离财政部以远，该行大为衰落。现在该行已与北方银行合并，于是成立一个新行，名为华俄道胜银行。当即我们既向中国表示如此重大赞助以后，于是其时甚与皇上接近之乌赫托姆斯基侯

---

① 《俄太子东游记》上卷。

② 张建华：《乌赫托姆斯基与俄国远东政策》，《学习与探索》1993 年第 1 期（总第 84 期）。

爵（应为公爵），因而特往中国一游，以便一方面对于中国情形加以较深了悉，他方面对于中国政治家，得以彼此相识"①。可以说，乌赫托姆斯基的政治活动几乎与 19世纪末 20 世纪初俄国远东政策相始终，沙皇政府在我国东北的扩张和渗透都与他有着直接的关系。这部作品完成后乌氏收获可谓硕果累累，扩大了他的科学视野，成为皇太子东方文化顾问，被选为皇家地理协会成员，这是乌赫托姆斯基职业生涯中的重要一步。在东方旅行中，乌赫托姆斯基还收藏了 2000 余件与中国相关的艺术品。1900 年，这些藏品在莫斯科的俄罗斯帝国历史博物馆展出，获巴黎世界博览会金奖。1917 年后，藏品成了国立艾尔米塔什博物馆亚洲艺术收藏的重要组成部分。

　　第二，《俄太子东游记》中文版本身就是一件极其珍贵的俄罗斯文物，三部书分藏于两个国家 100 余年，是两国宫廷交往的珍贵遗存。发现俄藏《俄太子东游记》中文版的俄罗斯莫斯科克里姆林宫博物馆科莫洛娃博士还提到这本书的教育价值："这部书的教育价值也相当明显。从出版的那一刻起，这部及后来的删节版被图书馆，教育机构和慈善团体购买发行，还成为优秀学习者的奖励等等。"②

　　另外，《俄太子东游记》中文版的书法和插图部分独具特色。文字叙事部分 111面，共计 18955 个中文字，誊抄中文者深谙中国书法之精髓，字体挺拔秀丽，遗憾的是写就者为何人已无从查证。插图部分和文字叙事价值同等重要，由水彩画和照片构成。水彩画的作者是卡拉金（Н. Н. Каразин，1842～1908），他不仅是出色的画家，而且是人类学家、作家、地理学家、旅行家和战地记者，俄国哈尔科夫大学奠基者卡拉金就是他的祖父。卡拉金在《世界插图画》《尼瓦》《风景画》和其他刊物上都发表了多幅作品。在 1874～1879 年，卡拉金加入中亚科学考察团，从阿姆河归来带回大量人类学资料和绘图，这让他在巴黎和伦敦的国际地理展览上获奖。卡拉金的儿童书插图画也非常有名，他曾将《我的童话故事》一书作为新年礼物赠送给皇太子阿列克谢·尼古拉耶维奇。《俄太子东游记》中的插图亦可以为研究卡拉金作品提供重要依据。

　　照片部分为业余摄影师海军军官弗拉基米尔·门捷列夫（Владимир Дмитриевич Менделеев，1865～1898）所摄，他是俄罗斯著名化学家门捷列夫的长子。

---

① 王光祈译：《李鸿章游俄纪事》，中华书局，1962 年，第 9 页。

② Anastasia Komolova, *Taihe Forumon Protecting the World's Ancient Civilizations*, 2019.

弗拉基米尔在结束旅行后曾写信给父亲门捷列夫："亲爱的爸爸，我们伟大的旅行结束了，很难描述每个人与皇太子告别时的难过心情。7 个月内，大家都习惯了他，他是淳朴温柔的年轻人。离别时，船上所有的军官都得到了宝石等礼物……皇太子对照片很感兴趣，我把照片做成一本相册，殿下非常感谢我，并让我把最新的照片直接寄到阿尼奇科夫宫，花费都算在皇太子账上。"① 此行拍摄的这些照片，后来被乌赫托姆斯基收录到这本书中出版。全部照片共 200 余幅，现珍藏在俄罗斯国家图书馆，这为这次不凡的旅行提供了见证。

俄太子到访中国曾被中国官员接见，其中有关张之洞的描述如下，"湖广总督乘炮船率属衣冠而来，炮船结彩甚丽，湖广者译言大湖即湖北湖南两省合称，其居民约六七千万人，总督张公之洞，乃中国著名文学之士，深晓西学而不喜西人，昔朝廷拟设铁路直达京师，张公条奏甚详，其大旨深以内意为善，惟拟不用西人整顿各省，而以中国财力办诸要工，如是则可以享就地工廉之利，而收推广工程学问之效。朝廷采其议，在长江设大铁厂造铁路达本省，产煤之处张公（为人甚廉），筹拨巨款聘请西国名匠指授华工，并拟遴选精巧工匠赴比利时学习云。昔罗马以中国之铁为贵品，苟中国能讲求开采，何难复昔日盛名？今每岁钢铁入口者以百万计，想他日或能无求诸外也。张公坐谈半钟而去"②。

《张之洞诗文集》里有两首诗描述当时张之洞接待俄太子的盛况。一首是《俄国太子来游汉口享燕晴川阁索书即席奉赠》："海西飞轪历重瀛，储贰祥钟比德城。日丽晴川开绮席，花明汉水逛霓旌。壮游雄览三洲胜，嘉会欢联两国情。从此敦盘传盛事，江天万里喜澄清。"另外一首是《希腊世子》："乘兴来搴楚畹芳，海天旌斾远飞扬。偶吟鹦鹉临春水，同泛蒲桃对夜光。玉树两邦联肺腑，瑶华十部富缫细。汉南司马惭衰老，多感停车问七襄。"③ 也有说诗并非张之洞所作，乃幕客代作④。即使都为幕客代作，但实际上为清代中俄文化交流写下富有情趣的一笔，晴川阁也因接待过俄太子更为有名。

①　http：//kfss. ru/content/vostochnoe – puteshestvie – cesarevicha – nikolaya – itogi – ch5.

②　《俄太子东游记》中文版。

③　［清］张之洞：《张文襄公古文书札骈文诗集》诗集三，民国十七年刻张文襄公全集本。

④　［清］张之洞著，庞坚校点：《张之洞诗文集》，上海古籍出版社，2008 年，第 129～130 页。

遗憾的是,《俄太子东游记》中文版对此次接见描述极为简略,未曾提及诗和书法,但张之洞接见皇太子此事无疑。而张之洞手书《大俄国太子来游汉口飨燕晴川阁索诗即席奉赠》,曾为钱钟书、杨绛夫妇收藏,前年在杨先生仙逝前将该手书捐赠给中国国家博物馆,这为再现俄太子东游增添了鲜活的资料。

第三,皇太子东游纪念彩蛋。为纪念皇太子东方之行,1891 年,亚历山大三世在著名珠宝公司"法贝热"(ФАБЕРЖЕ)订制了"亚速号回忆彩蛋"模型。其原型就是皇太子东游乘坐的一艘命名为"亚速"号的半装甲船,它曾是俄国历史上第一艘在船尾插上圣乔治旗的船,皇太子乘坐这艘船踏上了前往远东的旅程。据统计,这是俄国第七枚沙皇彩蛋。亚历山大三世把彩蛋作为复活节礼物送给皇后玛丽亚·费奥多罗夫娜。该彩蛋由鸡血石、海蓝宝石、红宝石、钻石、黄金、铂金和白银构成,使用铸造、雕花、錾刻、雕刻等工艺。彩蛋尺寸为 9.3 × 7.0 厘米,巡航舰模型尺寸为 4.0 × 7.0 厘米,款识"ФАБЕРЖЕ"和"М. П.",上有圣彼得堡城徽——圆环内交叉的锚与权杖及金质器物的检验标记——72。这枚皇家"亚速号回忆彩蛋"设计令人惊奇,蛋壳开启的中央镶嵌一枚红宝石和两粒钻石,里面装有一个微缩的军舰"亚速"号模型,整艘巡洋舰模型是用金和铂金制成,缩小版的船身立在湖绿色宝石做成的"海面"上,前方有一个黄金拉环,以便把它从鸡血石制成的"蛋壳"中取出来。整枚彩蛋由碧玉雕刻而成的外壳给人深海的感觉,而与之缠绕交错的雕金涡卷花纹以及镶嵌贝壳的华丽风格装饰,在 1880 ~ 1895 年间常为法贝热的珠宝大师们所用。它的工艺精致到每个细节,包括舰上的装备都一一复制:铂金小船、锚和锚链、如蛛丝般的金丝桅杆和微小的"亚速"字样都能用肉眼看到。1927 年,该彩蛋由苏联人民财政给养部货币基金会捐赠,现藏于莫斯科克里姆林宫博物馆,这是馆藏最早的一枚彩蛋。彩蛋是东方之行的纪念,和沙皇奢华生活的见证,也展示了俄帝国在艺术文化上的成就。

第四,1894 年在冬宫将沿途尼古拉二世收到的礼品和购入的艺术品进行了展览,并印制了图录,这些文物有些留存至今,其中不少来自中国。2014 年,在艾尔米塔什博物馆"东西方赠与沙皇礼品"展览中曾展出过一幅国际象棋,就是尼古拉二世此行在中国所购,棋盘为黑漆描金,长 49 厘米,宽 49 厘米。共 32 个棋子,16 个棋子为象牙本色,另 16 个棋子染牙红色,棋子高度不等,自 6.2 至 11.8 厘米,棋子可以放置棋盘下面的盒内。棋子包括：中国帝后、文官、武将、旗手、士兵等，每个棋子都由一块象牙雕成。虽为对弈游戏，但能看出中国与世界的交流与互动，也是当时俄国看神秘东方的精品之作。

四 小结

《俄太子东游记》中文版有别于其他语种版本，有其特殊内涵。首先，该书描述俄太子亲历的清王朝，鲜明展示两种文明相遇，是王储对中国文化的鲜活认知和关注，是清代中俄宫廷交流的直接历史见证，为研究中俄两国的交流史增添了新视角和重要史料；其次，《俄太子东游记》有重要文物价值，世上仅印三部，沙皇订制，宫廷设计，异常珍贵；最后，该书为俄罗斯帝国时期"东方派"人物乌赫托姆斯基公爵所著、由精通书法的中国人誊抄、在德国莱比锡印制、插图和照片涉及中俄重要人物，反映沿途民族学、地理及物产，再现俄太子来华盛况，现分藏于两国，是中俄合璧的重要文化遗产。

第十章 俄罗斯艾尔米塔什博物馆馆藏针灸铜人

2017年1月18日，中华人民共和国主席习近平访问了世界卫生组织。访问期间，习近平主席向世界卫生组织赠送了一座针灸铜人雕塑。当揭开铜人雕塑时，习近平主席将其描述为用于医学实践的第一个教学模型复制品。习近平主席的阐释非常准确，作为最早的针灸教学模型，可以追溯到北宋天圣年间（1027年），是世界上最早的国家级经络穴位形象化标准。因针灸铜人在北宋天圣年间制成，故称其为"天圣铜人"，堪称价值连城的"国宝奇珍，医学神器"。然而"天圣铜人"命途多舛，历经战乱，屡被掠夺，阅尽世间沧桑，存世仅400余年，其影响却逾千年而不衰。当时"天圣铜人"共铸两具，一具于宋金战争时不知所踪，另一具流入金人之手。直到宋金议和之后，这具针灸铜人始重归南宋。后南宋又将"天圣铜人"献于元朝，忽必烈皇帝还请尼泊尔人阿尼哥将"天圣铜人"修复如新。至明代"天圣铜人"一直藏于太医院，正统八年（1443年），明英宗命仿"天圣铜人"铸造"正统铜人"，其后"天圣铜人"不知所踪。1900年八国联军入侵北京，"正统铜人"被俄军掠走。现藏于俄罗斯艾尔米塔什博物馆的一具针灸铜人引起社会各界关注，根据历史文献和学者多年以来的研究成果，可以判定该针灸铜人就是当年被掠走的"正统铜人"。为厘清俄藏"正统铜人"的"前世今生"，现将历史上与该铜人相关的官修"针灸铜人"做如下梳理。

一 俄藏针灸铜人与中国历史上的官修针灸铜人

俄罗斯艾尔米塔什博物馆藏"正统铜人"与历史上不知所终的北宋"天圣铜人"以及现藏于中国国家博物馆的清代"光绪铜人"一脉相承。"天圣铜人"为"正统铜人"前世，而"光绪铜人"为其今生。原因是"天圣铜人"为世界上最早的针灸铜人，而"正统铜人"是仿"天圣铜人"而制，"正统铜人"被俄军掠走之后，清政府又根据"正统铜人"铸造了"光绪铜人"，根据文献将三者梳理如下。

（一）北宋"天圣铜人"

> 仁宗谓辅臣曰：近日方伎之学废，故世无良医，人多横夭，乃命太医较定《黄帝内经》《素问》《难经》《巢氏病源》等，模以颁天下。铜人针灸图经一即合次于此以脱落，今补于后。①
>
> 仁宗谓辅臣曰：针砭之法世传不同腧穴少差或害人命，其令太医王惟一考明堂气穴经络之会，铸腧穴铜人式，一置医官院，一置大相国寺，惟一又纂集所闻，纠正讹谬，为铜人针灸图经以进，上命夏竦为之序而模以颁天下。②

宋天圣年间（1023～1031年），宋仁宗为整顿社会行医混乱现象，整理各类经典医学著作并颁行天下。1027年，仁宗对世上针艾之法，认为极宜慎重，腧穴稍差便危及生命，于是命王惟一主持铸造针灸铜人两具，分别置于医官院和大相国寺仁济殿，王惟一又撰《新铸铜人腧穴针灸图经》，由宋朝政府刻于石碑而颁行全国，是为首次国家级的经穴大整理，为针灸的发展做出了巨大贡献。

根据《新铸铜人腧穴针灸图经》的残石考古发现可知，《新铸铜人腧穴针灸图经》的编纂工作，完成于天圣四年（1026年）第二年即天圣五年（1027年）摹印颁行。《新铸铜人腧穴针灸图经》的刻石年代，当在图经摹印颁行之后，针灸图石壁堂建成以前，即宋天圣五年（1027年）至天圣八年（1030年）间③。因此，铜人、针经、石碑三者几乎同时产生，可以互为印证。

据周密（1232～1298年）在《齐东野语》卷十四《针砭》文中载："又尝闻舅氏叔恭云：昔倅襄州日，尝获试针铜人，全像以精铜为之，腑脏无一不具。其外腧穴，则错金书穴名于旁，凡背面二器相合，则浑然全身，盖旧都用此以试医者。其

---

① ［宋］曾巩：《隆平集》卷三（一百二十卷），清文渊阁四库全书本，上海古籍出版社，2014年，第371～30、371～31页。

② ［宋］曾巩：《隆平集》卷三（一百二十卷），清文渊阁四库全书本，上海古籍出版社，第371～30、371～31页。

③ 于柯：《宋"新铸铜人腧穴针灸图经"残石的发现》，《考古》1972年第6期。

法外涂黄蜡，中实以水（一说汞），俾医工以分折寸，按穴试针，中穴，则针入而水出，稍差，则针不可入矣，亦奇巧之器也。后赵南仲归之内府，叔恭尝写二图，刻梓以传焉，因并附见于此焉。"① 周密记述了铜人是用精铜制作，铜人体内有脏腑，外有腧穴孔，并刻字于孔旁侧，正反两面可开合。周密的舅舅章叔恭在襄阳任职时曾有机会试针针灸铜人，并绘制图经刻于木板上。

南宋赵构登基之后，湖北襄阳府的赵南仲把这具"天圣铜人"献给宫廷。然而针灸铜人只在南宋保留了很短的时间，就于 1233 年又转送给了蒙古军队。"帝（即元世祖）命取明堂针灸铜像曰：此安抚王楫使宋时所进。"忽必烈皇帝对此非常重视，并对"天圣铜人"进行了修复。"太医院在钦天监南西向，按院内有明堂，针灸铜人金时安抚王楫使宋时所进，岁久阙坏，元至元二年尼博罗国人阿尔尼格修之，关鬲脉络皆备，又针灸经石，创其题篆乃宋仁宗御书，至元闻自汴移此。"② 蒙古使节王楫前后五次出使南宋，前三次是为了联合南宋攻打金国，后两次则是索要"天圣铜人"。南宋朝廷惧于蒙古军队的势力，虽然将针灸铜人视为国宝，无奈也只能将其献出。1260 年，元世祖忽必烈在元大都召见尼博罗（尼泊尔）工匠阿尔尼格（下文阿尼哥为同一人），让他修复南宋进献的针灸铜人。四年后阿尔尼格终于将针灸铜人修复如新。"阿尼哥初至，帝取明堂针灸铜像示之，曰此宋时物，岁久阙坏无能修完之者，汝能新之乎？阿尼哥请试为之，二年新像成关鬲脉络皆具，金工叹其天巧，莫不愧服，今顺天太医院针灸铜人想其遗制邪。"③

1264 年，元世祖忽必烈将修复的好"天圣铜人"和《新铸铜人腧穴针灸图经》石碑放置在元大都的三皇庙神机堂内。一百多年后，朱元璋攻占了元大都，建立了明朝，这时的"天圣铜人"被取入内府，而《针灸图经》石碑仍放置在三皇庙内，铜人和石碑自此天各一方。因年代久远，石碑上文字模糊，在明代被充作砖石砌入北京城墙。1971 年，在北京明城墙中被重新发现，石碑已被分裂为五块残石，其中一块残存文字三栏，中栏刻有"新铸铜人腧穴针灸图经卷上"铭文。元刻本《新刊

① ［宋］周密：《齐东野语》卷十四，唐宋史料笔记丛刊，中华书局，1983 年。

② ［清］穆彰阿、潘锡恩等纂修：《大清一统志·史部地理类》卷四，上海古籍出版社，2008 年，第74～75 页。

③ ［清］彭孙贻：《茗香堂史论》卷四，清光绪十年刻碧琳琅馆丛书本。

补注铜人腧穴针灸图经》藏于台湾图书馆，为海内外现存版本最早者，该书图文并茂，为"天圣铜人"提供较为直观参考①。

（二）明代"正统铜人"

明英宗实录载：

> 御制铜人腧穴针灸图经序曰：天以保民之任，付诸圣人，圣人建保民之教，诏于万世，为政化以全其性，为医药以济其生，一仁道之施也。医肇于三皇，继有明者，因之启其奥，发其秘，窃而彰精而密，愈久愈备于简册，使人赖之，以免夭于圣贤之能，事生民之至幸也。人之生禀阴阳五行而成，故人之身皆应乎天人，身经脉十二实应天之节气，周身气穴三百六十，亦应周天之度数，其理微矣，而医家砭熨之功尤神且速，识其微妙，厥甚难哉！宋天圣中创作铜人腧穴针灸图经三卷，刻诸石复范铜，肖人分布腧穴于周身，画焉窍焉，脉胳条贯纤悉明备，考经案图甚便，来学其亦心前圣之心，以仁夫生民者矣，于今四百余年石刻漫灭而不完，铜像昏暗而难辨，朕重民命之所资，念艮制之当，乃命砻石范铜仿前重作，加精致焉，建诸医官式广教诏呜呼保民者，人君之事医虽道之一端，然民命所系，故圣人肇之，历代尚之，夫使斯民皆保终天年者，宜必资于此斯，朕所为惓惓体前圣之仁以诏无穷也，来者尚敬之哉，故引诸其端。②

明正统八年（1443 年），一方面英宗重视针灸学并信任针灸的治疗效果，同时，宋"天圣铜人"铜像昏暗难辨，石刻漫灭而不完，故仿制了一具，并较"天圣铜人"精致。刻碑的砻石产于福建南安，洁白、光泽、坚头、耐腐蚀，是当时很珍贵的石材。针灸图经重摹上石时，定名《铜人腧穴针灸图经》，将"新铸"二字去掉，并增添明英宗序言，记铜人和刻石的沿革。"臣等谨案，针灸图石刻今尚存乃明时重摹上石者观后英宗序略可证。"③ 明英宗正统八年重摹的针经刻石，到清朝乾隆三十九年

---

① 参见《图书馆特藏选录》，台湾图书馆，2011 年，第 61~62 页。

② 《明实录》（三），明宣宗实录·明英宗实录，卷一〇〇二，研究院历史语言研究所，第 2064、2065、2066 页。

③ ［清］于敏中、英廉：《钦定日下旧闻考》（二）卷七十一第四九八册，文渊阁四库全书，上海古籍出版社，2003 年，第 498~122 页。

（1774 年）还安然无恙地存放在太医院内。然道光时期却停止针灸科："道光二年（1822 年）奉旨针灸一法由来已久，然以针刺火灸究非奉君之所宜，太医院针灸一科，着永远停止。"① 明代重摹的《铜人腧穴针灸图经》刻石，可能就在此时随着针灸科的"永远停止"而被废毁，至今下落不明②。

另据《太医院志》：

> 太医院署药王庙香案前立有范铜之铜人，周身之穴毕具，注以楷字，分寸不少，移较之，印于书绘于图者，至详且尽，为针灸之模范，医学之仪型也。铸于明之正统年，光绪二十六年联军入北京，为俄军所有。先医庙之铸铜三皇像亦为俄军所得，和议后，经御医陈守忠委屈周折，始将神像由俄之驻华营迎回，铜人则据为奇物不肯交矣。经陈守忠恳准，太医院堂官奏给俄武官二等第三宝星以酬之。③

前后对照可知，"正统铜人"铸成后立于明太医院，而清代太医院仍沿用明代之旧，直到光绪庚子年（1900 年）被俄军侵占后，于光绪二十八年（1902 年）在地安门东大街另建新署。也就是说从 1443 年至 1900 年的 458 年间，"正统铜人"直至被俄军掠走之前一直立于太医院。

（三）清代"光绪铜人"

清太医院为弥补"正统铜人"被掠走这一损失，于光绪三十年（1904 年）又仿"正统铜人"重新铸造了一座铜人，这就是"光绪铜人"。"嗣改建新署随工复置铜人，由堂派医士苏秉钧候补吏目张庆云为监造。"④

"光绪铜人"铸成后，曾放置于人医院新址的"铜神殿"中，此后人医院原址改为京师警察厅驻扎军警之所，"铜像无处安置，十四年六月（1925 年）教育部吕健秋次长商诸京师警察厅朱博渊总监将此像移归本馆（指北平历史博物馆）陈列，六月十三日运送到馆，乃安置于午门城楼之西室焉"⑤。但据时任北平历史博物馆研究

---

① ［清］任锡庚：《太医院志》，《续修四库全书》（1030），上海古籍出版社，2002 年，第 385 页。

② 于柯：《宋"新铸铜人腧穴针灸图经"残石的发现》，《考古》1972 年第 6 期。

③ ［清］任锡庚：《太医院志》，《续修四库全书》（1030），上海古籍出版社，第 403 页。

④ ［清］任锡庚：《太医院志》，《续修四库全书》（1030），上海古籍出版社，第 403 页。

⑤ 历史博物馆编辑部：《国立历史博物馆丛刊》第 1 年第 1 册，1926 年，第 41 ~ 45 页。

员傅振伦所记，"1925 年 6 月，京师警察厅移交来旧太医院明正统四年腧穴铜人"①。这条信息记载有误，"正统铜人"是铸造于正统八年而非明正统四年，即 1443 年。此外，根据《太医院志》可知，傅振伦 1925 年所述铜人应是"光绪铜人"，而非"正统铜人"。

1930 年，陈念乔撰文《针灸铜人考》发表在《医药新闻》第 156 期，并提及北平协和医院为研究针灸铜人已"全部摄影"。同年，蒋汉澄在《图画时报》第 634 期刊登过"光绪铜人"的照片，参照现中国国家博物馆所藏针灸铜人，外观上无差异，可以相互印证。

1936 年，"光绪铜人"随第三批古物南迁于南京博物院保存。马继兴研究员根据 1956 年《南京博物院关于针灸铜人特征的说明》卡片所记："这个铜人在 1936 年时前北平历史博物馆移交本院，据说是清内府的，原来置在国子监，但铜人本身并无铭文。"② 1949 年以后，中医研究院针灸研究所为了研究需要，经文化部批示于 1956 年 6 月借南京博物院的针灸铜人到北京中医研究院针灸研究所，进行研究和仿制，马继兴先生当时做过一些考察，并对铜人外形轮廓进行过测量，穴位也做过统计，1957 年 5 月，铜人被送回南京博物院。1958 年 8 月，国家决定建立中国历史博物馆，建成后，南京博物院将此铜人再度运至北京陈列，另用石膏复制一座。

臧俊岐先生在 1993 年对中国国家博物馆藏的针灸铜人也做过考证，根据史料，他证明这件藏于中国国家博物馆针灸铜人为"光绪铜人"③。

此外，与"光绪铜人"同时陈列于中国国家博物馆藏的刻石《新铸铜人腧穴针灸图经》，的确为宋代刻石，就是 1965 年至 1971 年间，北京市文物管理处在配合明代北京城墙的考古工作中，陆续发现的宋天圣《新铸铜人脸穴铁灸图经》残石。

二　关于"正统铜人"

对艾尔米塔什博物馆藏"正统铜人"从中医角度最为全面的研究，当属中医科

①　傅振伦：《七十年所见所闻》卷 10，华东师范大学出版社，1997 年。

②　马继兴：《针灸铜人与铜人穴法》，中国中医药出版社，1993 年，第 37 页。

③　臧俊岐：《对现存中国历史博物馆内针灸铜人的考证》，《中国针灸》1993 年第 1 期。

学院针灸研究所马继兴研究员和黄龙祥研究员。马先生早在 1993 年就将"正统铜人"和"光绪铜人"的流传始末进行了整理，说明俄罗斯藏针灸铜人为"正统铜人"①。而黄龙祥研究员提出的观点进一步证实了俄藏针灸铜人为"正统铜人"②，同时黄先生指出，艾尔米塔什博物馆藏的针灸铜人不可能是宋代的"天圣铜人"，原因是：第一，未见文献记载的证据；第二，该铜人"通天"穴名通过红外照相清晰可见，不避宋讳③。这是由于宋代铜人铸成于天圣五年，其时正值章献明肃刘太后临朝，为避其父讳，凡官名地名，"通"字皆易之或缺笔。如天圣初年，改通进司为承进司，诸州通判为同判，通事舍人为宣事舍人。改淮南之通州为崇州，蜀之通州为达州，通利军曰安利，通化县曰金川。此即所谓"避外戚讳"④。故与"天圣铜人"同期雕刻的《新铸铜人腧穴针灸图经》石刻中穴名"通"均缺笔（见中国国家物馆藏针灸刻石）。而艾尔米塔什博物馆的"正统铜人"的"通天"穴却不避讳，说明其制造年代不是宋代。

笔者有幸亲眼看到此"正统铜人"，该铜人比例同真人大小，旁边俄文说明为"研究用针灸铜人，十二世纪，铜制"。显然，博物馆的研究人员仍把该铜人的年代判定为宋代（图 10.1、10.2）。

除参照马先生和黄先生从中医专业角度考证外，笔者从历史文物的角度有如下补充，其一，"天圣铜人"和针灸石碑同为宋代之物，在重铸"正统铜人"之后同时消失，而石碑经考古发现于明城墙下，那么"天圣铜人"的命运，最大的可能是已被熔为铜水或改铸。明英宗之所以重铸铜人就是因为"天圣铜人"已经模糊不清，重铸铜人更加精致和清晰，所以笔者认为铜人的命运应该和石碑相同。铜器销铸铜钱或改铸刊造见诸文献，如"正统十一年，始各增'南京'二字于户部之上，印及铜板木记用使年久，模糊平乏，则奏请改铸刊造"⑤。可见正统年间把旧物改铸是有

① 马继兴：《针灸铜人与铜人穴位》，中国中医药出版社，1993 年，第 38 页。
② 黄龙祥等：《圣彼得堡艾尔米塔什博物馆藏针灸铜人研究》，《中华医史杂志》第 35 卷第 2 期（2005 年 4 月）。
③ 黄龙祥等：《明正统仿宋针灸铜人鉴定与仿制》，《中国针灸》2004 年第 5 期。
④ 于柯：《宋"新铸铜人腧穴针灸图经"残石的发现》，《考古》1972 年第 6 期。
⑤ ［明］李东阳等撰，（明）申时行等重修：《大明会典》卷二百十三卷，广陵书社，2007 年，第 2853 页。

图 10.1　艾尔米塔什博物馆藏针灸铜人
（拍摄于圣彼得堡国立艾尔米塔什博物馆）

图 10.2　艾尔米塔什博物馆藏针灸铜人局部
（拍摄于圣彼得堡国立艾尔米塔什博物馆）

案例可寻，销铸铜钱更为常见，故由此判定"天圣铜人"不复存在。其二，"天圣铜人"和"正统铜人"中间相隔 417 年，涉及铜人的历史断代问题，而宋明两代在用铜、工艺、形制、纹饰的差异都不容忽视。现藏于故宫博物院的一件"大和夹钟清"钟，铸造年代与"天圣铜人"接近，此钟原为宋徽宗朝所铸"大晟"编钟之一。宣和七年（1125 年）十二月金兵南下后在北宋宫廷里停止使用。两年后的钦宗靖康二年（1127 年），金兵虏徽、钦二帝北去，同时劫走北宋的文物重器，其中包括"大晟"乐器。从此"大晟"乐器分散在燕京、上京两地，劫余的一部分散落在汴京。此钟是北宋年间官方铸造铜器的典型遗存，其用铜铸造和"天圣铜人"应该基本相同，但显然俄藏针灸铜人与此钟在材质上有明显差异。其三，铜人外观与历史文献相符。艾尔米塔什博物馆藏铜人高 175.5 厘米，为成年男子，立于长方体底座上，两臂自然下垂，手心向前，十指展开，袒露上身，赤足。高束发髻，平视前方，微笑露齿。耳垂丰满，颈部有明显断裂修补痕，发髻和腰间服饰反映宋朝男子着装特点。据《太医院针灸铜像沿革考略》所载："自明末流寇之乱，京师官署，悉遭寇扰，太医院之铜人像亦被毁伤头部。顺治中修复之。光绪庚子（1900 年）拳匪之乱，太医院被焚，针灸图经石刻遂毁于火，铜像虽未毁灭，亦复损伤。及乱定，迁太医院署于地安门外东步（不）压桥，修复铜像，别建铜神殿奉焉。"这段话来自旧太医院院长（院使）全顺君所述，他提及铜像"亦复损伤"，与笔者所见俄藏"正统铜人"颈部修补痕（明末受损，顺治时修复）及腹部受损（一说为弹痕）两处相吻合。

三 俄国传教团对中医针灸学的考察

18 世纪初，在英、法等国还未取得在中国建立使馆外交关系的情况下，俄罗斯就已经利用战俘信仰东正教之由，通过派驻传教团的方式，在北京建立一个具有外交和收集情报职能的机构——俄罗斯传教团。自 1715 年至 20 世纪初的 200 余年，俄罗斯传教团肩负的使命之一就是"全面调查中国"，其传教并不积极，但其获取情报成就卓著。医学方面，自 19 世纪中期起，俄罗斯政府先后共派遣 5 名随团医生随传教团常驻北京，他们无一例外地都搜集中国草药，带回中医典籍。其来华目的名义虽为便于传教而派，但本质是利用医生身份，为其在华结交上至宫廷显贵、下至黎民百姓，搜集医学资料提供便利。来华医生受俄罗斯传教团领导，他们在认识中国现状和积累医学资料方面起到重要作用，奠定了在俄罗斯研究中国医学的基础。

受俄政府派遣，驻华传教团的随团医生以各种机会接触中医学，其中传教团第八届、第十届领班卡缅斯基的《脉理歌诀》（Предложение стихов с китайского, пропустив прозаические замечания о пульсах для любопытства переведу здесь стихи, молодыми медиками изучаемыии），是目前所见最早俄罗斯关注中医的资料。俄罗斯科学院东方文献研究所的"布罗塞藏品"中包括许多珍贵的中医典籍，这些医书就是由第十届随团医生沃伊采霍夫斯基所带回的，其中《黄帝内经素问》（1609 年刊本）、《皇帝素问灵枢合纂》（1779 年刊本）、《针灸大成》（1680 年刊本）等都涉及针灸学[①]。何秋涛在《朔方备乘》卷四十也提及俄罗斯人行医，引"夷情备采云：前此西洋耶密等，在京作钦天监，曾带西医与各官府往来，借行克力斯顿教是以教师必先晓医道，方能为人所悦……高邮王寿同云：曩曾因子章贝勒奕绘识俄罗斯馆

---

① Горбачева. З. И. Китайские медицинские труды в коллекции Ленигдрадского отделения Института народа Азии Академии Наук СССР. ／В Кн. : Страны и народы Востока. ／Сборник статей／ Вып. 2. 1961，Стр. 243 – 250.

学生，在彼国不知何名，子章贝勒因其精医遂名之曰秦缓，其人能为华言，每岁朝来贺，持名剌即用秦缓字，臣秋涛谨案，彼国人之医疗亦多为行教计，观夷情备采可见也"。其实，秦缓即为第十一届传教团的随团医生基里洛夫（П. Е. Кирилов，1801~1864），他结交宗室，为宗室治愈病患，还是第一位把茶种引入俄罗斯的人。此外，他重视中草药的搜集，驻京期间采集植物标本百余种，其中有六种为欧洲医学界所未闻①。

俄罗斯国内开始中医针灸传播是在 1828 年，俄国外科医学院恰鲁科夫斯基教授（П. А. Чаруковский，1790~1842）首次在俄国运用针灸疗法治疗风湿病和坐骨神经痛。同年，他所撰写的一篇题为《针灸》的文章发表在《军医杂志》上，该文介绍了针灸的奇特疗效以及欧洲国家学者的最新研究和试验成果。这是俄国人公开发表的第一篇关于中国医学的论文。然而，俄国并非欧洲最早认识中国针灸疗法的国家，因为在恰鲁科夫斯基之前，欧洲来华传教士及商人的著作中已经对针灸进行了大量记载和报道，但欧洲人对他们所描述的针灸的神奇疗效始终半信半疑，直到19世纪初法、英、荷等国医生开始进行所谓"针刺疗法"的临床试验并取得积极效果之后，针灸才为欧洲人真正接受。恰鲁科夫斯基从欧洲医生的试验中看到了针灸疗法对于治疗"绞痛、风湿，尤其是伴随疼痛的疾病疗效显著"，认为有必要在俄国进行介绍和推广。

另外一位在中医传播方面起重要作用的医生是塔塔里诺夫（Т. А. Алексеевич，中文名：明常），毕业于俄罗斯圣彼得堡医学院，医学博士，1840~1850 年随俄罗斯第十二届传教团居住北京，期间研习中医，注意收集动植物资料，特别是植物标本，他还请中国画师绘制了 452 幅中国植物水彩图，颇为欧洲学界所看重。传教团随团医生中，明常的中医学研究成果最丰厚，也最引人注目。俄罗斯汉学史研究者斯卡奇科夫（П. Е. Скачков，1892~1964）称，明常的中医学著作以中国史料为基础，"无论在苏联，还是在其他国家，至今都令人望尘莫及"。1847 年，明常在《祖国纪事》杂志上发表了《中国人他杀鉴定法》一文。此文是他根据中国《洗冤录》和《大清律例》撰写的一篇全面介绍中国法医的文章。明常撰写的《中医》一文刊载于 1853

---

① Головин，С. А. Российская духовная миссия в Китае：Исторический очерк，Благовещенск Изд – во БГПУ，2013．–181 с．

年出版的《俄国驻北京传教团成员著作集》第 2 卷，内容十分全面，包括中医的起源、中医典籍、中国的医学教育、中国医生的社会地位、中国医生的行医条件、太医院、中国医生的解剖学概念。这是俄国第一篇全面介绍中国医学发展历史和现状的作品。他撰写的《中国手术用麻醉术及水疗法评介》一文载于 1857 年问世的《俄国驻北京传教团成员著作集》第 3 卷。在这篇文章中，他认为华佗的麻醉术远非传说的那样神奇和有效。据他观察，北京城里也没有一位中国郎中堪称出色的外科医生，而这有可能与中国人不喜欢极端的行事方式有关。他同时指出，法国汉学家儒莲（S. Julien，1797~1873）将"麻药"理解为用麻这种植物制成的药是错误的。明常的其他著述多发表在《俄国医生协会著作集》等有影响的刊物上，包括《中国的麻醉术》（1850）、《中国医学与医生》（1851）、《论中国医学现状》（1852）、《中医概念中的血液循环论》（1853）、《中药人参简介》（1856）以及《中国人的生理解剖概念》（1856）等。此外，明常第一个将岐伯的名著《本草》译成俄文，他还是最早关注中国针灸的俄国人之一。他于 1845 年完成的 270 页手稿，详细描述了各种疾病的针灸疗法，列举了针灸的适应症和禁忌症。直到今天，俄罗斯医生在临床中仍然借鉴他的这部针灸著述①。1858 年，第十三届传教团随团医生巴济列夫斯基（С. И. Базилевский，1822~1878）回国，遗著有总计 400 多页的中国医学手稿。主要有《本草纲目》译文，中医、中药、针灸等医学论文译文，北京保健事业及疫病状况报告，并收藏了大量中国动植物标本②。1860 年，第十四届传教士团随团医生卡尔尼耶夫斯基（П. А. Корниевского，1833~1878）发表《中国歌诀》。

以上俄罗斯医生都曾关注中医学，特别是明常在著作集里还曾提到"人医院"，太医院所在地址后来就被俄军占领，"道光以后，药库作废，署后之地，半为民房所勤，光绪二十六年（1900 年）以后，全部划归俄使馆"③。而"正统铜人"就置于"太医院"。虽然尚未发现文献证明在京的传教团医生或传教团人员直接参与了俄军掠走"正统铜人"，但他们在北京的活动，利用行医便利搜集相关针灸文献、医药学资料，并有大量时间接触中医针灸学，对"针灸铜人"在中国医学史上的地位应该

---

① 肖玉秋：《17~19 世纪俄国人对中医的研究》，《史学月刊》2014 年第 3 期。

② Скачков П. Е. Очерки истории русского китаеведения. М.，1977. с. 166 – 167；прил. 4，с. 433 – 434.

③ ［清］任锡庚：《太医院志》，《续修四库全书》（1030），上海古籍出版社，2002 年，第 400 页。

非常清楚，最重要的他们肩负向政府提供调查的使命，这无疑向俄政府提供了相关信息，所以俄军顺利从太医院掠走针灸铜人，而为安抚清军，却又把对他们价值不大的"太昊伏羲氏，炎甫神农氏，皇帝轩辕氏铜像三尊"还回，这说明俄军当时的行为是经过周密策划，并非无意为之。

　　总之，俄藏针灸铜人为明代"正统铜人"，是仿制宋代"天圣铜人"铸造，而清"光绪铜人"无疑是仿明"正统铜人"制作，三者同为官修铜人，有亲缘关系，"天圣铜人"早已不知所终，而现存最早的针灸铜人就是"正统铜人"，藏于俄罗斯艾尔米塔什博物馆。

　　作为中华瑰宝的"正统铜人"，除了其医学价值和医学地位的重要性，"正统铜人"还是一件精美绝伦的明代铜器，国宝级文物。俄罗斯现藏针灸铜人，"其最大学术价值就在于，使今人能够获得近 1000 年前的国家针灸经穴标准《铜人腧穴针灸图经》文本的权威解释"①。

---

① 黄龙祥等：《明正统仿宋针灸铜人鉴定与仿制》，《中国针灸，Chinese Acupuncture & Moxibustion》2004年第 5 期。

参考文献

中文参考文献

专著部分

〔俄〕阿·科尔萨克著，米镇波译，阎国栋审校：《在华俄国外交使者（1618～1858）》，社会科学文献出版社，2010 年。

〔俄〕阿列克谢耶夫著，阎国栋译：《1907 年中国纪行》，云南人民出版社，2001 年。

〔俄〕B·C·米亚斯尼科夫主编，徐昌翰等译，徐昌翰、薛衔天审校：《19 世纪俄中关系：资料与文献（1803～1807）》（上、中、下册），《国家清史编纂委员会·编译丛刊》，广东人民出版社，2012 年。

〔苏〕鲍里斯·罗曼诺夫著，陶文钊译：《俄国在满洲（1892～1906）》，商务印书馆，1980 年。

北京第一历史档案馆编：《光绪朝朱批奏折》，中华书局，1996 年。

〔清〕斌椿：《乘槎笔记》，湖南人民出版社，1981 年。

〔俄〕查尔斯·耶拉维奇、巴巴拉·耶拉维奇合编，北京编译社译，郑永泰校：《俄国在东方（1876～1880）》，商务印书馆，1974 年。

蔡鸿生：《俄罗斯馆纪事》，中华书局，2006 年。

陈开科：《巴拉第的汉学研究》，学苑出版社，2007 年。

戴贵菊：《俄国东正教会改革（1861～1917）》，社会科学文献出版社，2002 年。

达齐申、郝葵：《18 世纪北京的东正教传教士及其生活》，《俄罗斯学刊》2014 年第 2 期。

故宫博物院明清档案部编：《清代中俄关系档案史料选编》第一编、第三编，中华书局，1979～1981 年。

国家清史编纂委员会编译组、《历史研究》编辑部合编：《故宫俄文史料》，2005 年。

郭福祥：《时间的历史映像》，故宫出版社，2013 年。

冯小琦主编：《古代外销瓷器研究》，故宫出版社，2013 年。

〔清〕何秋涛：《朔方备乘》清光绪间，徽辅通志局刻印。

〔明〕黄省曾著，谢方校注：《西洋朝贡典录》，中华书局，1982 年。

〔法〕加斯东·加恩著，江载华译：《早期中俄关系史（1689～1730）》，商务印书馆，1961 年。

［法］加斯东·加恩著，江载华、郑永泰译：《彼得大帝时期的俄中关系史》，商务印书馆，1980 年。

［美］林乐知：《李傅相历聘欧美记》，上海广学会译著图书集成局，1899 年。

刘远图：《早期中俄东段边界研究》，中国社会科学出版社，1993 年。

［清］李鸿章：《李鸿章全集》，时代文艺出版社，1998 年。

李云泉：《朝贡制度史论——中国古代对外关系体制研究》，新华出版社，2004 年。

［清］缪佑孙：《俄游汇编》，光绪乙未上海石印本。

马汝珩、马大正：《飘落异域的民族——17 至 18 世纪的土尔扈特蒙古》，中国社会科学出版社，1991 年。

［美］马士著，中国海关史研究中心组、区宗华译，林树惠校：《东印度公司对华贸易编年史》，中山大学出版社，1991 年。

米镇波：《清代中俄恰克图边境贸易》，南开大学出版社，2003 年。

［俄］尼古拉·阿多拉茨基著，阎国栋、肖玉秋译，陈开科审校：《东正教在华两百年史》，广东人民出版社，2007 年。

［俄］尼古拉·班蒂什－卡缅斯基编著，中国人民大学俄语教研室译：《俄中两国外交文献汇编（1619～1792 年)》，商务印书馆，1982 年。

［瑞典］斯文·赫定（S·Hedin）著，赵清译，杨迟审校：《帝王之都——热河》，中央编译出版社，2011 年。

［俄］斯卡奇科夫著，［俄］B·C·米亚斯尼科夫编，柳若梅译，白春仁外文校订，汤开建中文校订：《俄罗斯汉学史》，社会科学文献出版社，2011 年。

宿丰林：《早期中俄关系史研究》，黑龙江人民出版社，1999 年。

苏联科学院远东研究所等编：《十七世纪俄中关系》第一卷第一、二、三册，第二卷第一、二、三册，商务印书馆，1978 年。

［俄］T.C. 格奥尔古耶娃著，焦东健、董茉莉译：《俄罗斯文化史　历史与现代》，商务印书馆，2006 年。

［俄］T.C. 格奥尔吉耶娃著，焦东健、董茉莉译：《俄罗斯文化与东正教》，华夏出版社，2012 年。

［俄］特鲁谢维奇著，徐东辉、谭萍译，陈开科审校：《十九世纪前的俄中外交及贸易关系》，岳麓书社，2010 年。

王之春：《使俄草》，光绪二十一年上海石印本。

［清］吴振棫撰，童正伦点校：《养吉斋丛录》，中华书局，2005 年。

王之相译：《故宫俄文史料——清康雍乾年间俄国来文原档》，国立北平故宫博物院，1936 年。

王之相译：《故宫俄文史料——清康、雍、乾、嘉、道年间两国来往文件档案》，《历史研究》编辑部编印，1964 年。

［俄］维特、［美］亚尔莫林斯基著，傅正译，中央民族学院研究室校：《维特伯爵回忆录》，商务印书馆，1976 年。

［清］文廷式著：《纯常子枝语》，上海古籍出版社，1995 年。

［俄］吴克托穆斯基著：《俄太子东游记》，莱比锡，1898 年。

［英］约翰·弗雷德里克·巴得利著，吴持哲、吴有刚译：《俄国·蒙古·中国》，商务出版社，1981 年。

［俄］伊·温科夫斯基著，尼·维谢洛夫斯基编，宋嗣喜译：《十八世纪俄国炮兵大尉新疆见闻录》，黑龙江教育出版社，1999 年。

俞正燮著，于石、马君骅、诸伟奇校点：《俞正燮全集》一、二、三册，黄山书社，2005 年；《俄罗斯事辑》，《俞正燮全集》第一册；《俄罗斯佐领考》，《俞正燮全集》第一册；《俄罗斯长编稿跋》，《俞正燮全集》第二册；《罗刹》，《俞正燮全集》第二册；《异域录题词》《俞正燮全集》第三册。

［法］伊夫斯·德·托玛斯·德·博西耶尔夫人著，辛岩译，陈志雄、郭强、古伟瀛、刘益民审校：《耶稣会士张诚——路易十四派往中国的五位数学家之一》，大象出版社，2009 年。

阎国栋：《俄国汉学史（迄于 1917 年）》，人民出版社，2006 年。

阎国栋：《俄罗斯汉学三百年》，学苑出版社，2007 年。

［清］曾纪泽：《出使英法俄日记》，岳麓书社，1985 年。

［清］曾纪泽：《曾纪泽日记》，岳麓书社，1998 年。

［清］志刚：《出使泰西记》，湖南人民出版社，1981 年。

［法］张诚著，陈霞飞译，陈泽宪校：《张诚日记（1689 年 6 月 13 日～1690 年 5 月 7 日）》，商务印书馆，1973 年。

［清］张德彝：《航海述奇》，湖南人民出版社，1981 年。

张体先：《土尔扈特部落史》，当代中国出版社，1999 年。

论文部分

［俄］В·С·米亚斯尼科夫著，春枝译：《俄罗斯档案总局主办的"清代俄罗斯与中国"展览》，《国际汉学》2009 年第 1 期。

［俄］В·С·米亚斯尼科夫著，宋嗣喜译：《戈洛夫金使团简介》，《清史译丛》第一辑，中国人民大学出版社，2004 年。

［俄］别洛夫 Е. А. 著，陈春华译：《有关清末民初俄中关系的俄文档案文献资料简介》，《清史译丛》第六辑，中国人民大学出版社，2006 年。

［俄］波波娃：《〈皇清职贡图〉与俄罗斯国家图书馆乙阿钦特·比丘林的〈第一画册〉》，《首届中国少数民族古籍文献国际学术研讨会论文集》，2010 年。

白晓光：《浅析 18 世纪 60～90 年代俄国接触中国文化的途径》，《西伯利亚研究》2013 年 6 月。

蔡鸿生：《俄罗斯馆"秦缓"考》，《中俄关系问题》1982 年第 4 期。

蔡鸿生：《清代广州的毛皮贸易》，《学术研究》1986 年第 4 期。

蔡鸿生：《清代北京的俄罗斯馆》，《百科知识》1986 年第 6 期。

蔡鸿生：《俄罗斯馆医生与清朝宗室的晋接》，《中外关系史论丛》（第三辑），世界知识出版社，1991 年。

程真、李滋媛：《国家图书馆所藏俄罗斯赠清政府图书》，《国家图书馆学刊》2007 年第 3 期（总第 61 期）。

陈开科：《读蔡鸿生教授〈俄罗斯馆纪事〉》，《学理与方法》，香港博士苑出版社，2007 年。

郭福祥：《康熙朝钟表历史考述》，《明清论丛》（第七辑），紫禁城出版社，2006 年。

高文风：《我国的第一所俄语学校——俄罗斯文馆》，《黑龙江大学学报》1979 年第 2 期。

［俄］吉拉·萨玛秋克著，崔红芬译：《俄罗斯国立爱尔米塔什博物馆东方部馆藏黑城文物记述》，《宁夏社会科学》2002 年第 6 期。

［日］吉田金一著，刘世哲译：《论清雍正年间两批遣俄使节》，《中国边疆史地研究导报》1989 年第 4 期。

刘晓明：《清宫十三年——马国贤神甫回忆录》（九），《紫禁城》1990 年第 4 期。

［日］柳泽明：《通往恰克图条约之路》，《东北地方史研究》1990 年第 3 期。

李明滨：《中国文化在俄罗斯传播三百年（中篇）——俄国对中国古代文物的收藏与研究》，《中国文化研究》1996 年第 4 期。

伶询：《试论东正教在北京的传播》，《北京联合大学学报》1999 年第 2 期。

刘小萌：《关于清代北京的俄罗斯人——八旗满洲俄罗斯佐领历史寻踪》，《清史论丛》2007 年号，中国广播出版社，2006 年。

刘艳：《清代京城的俄罗斯馆》，《历史档案》2007 年第 4 期。

［俄］拉宾·帕维尔：《清朝俄罗斯文馆（18 世纪初～19 世纪中叶）》，《历史档案》2011 年第 1 期。

赖惠敏：《山西常氏在恰克图的茶叶贸易》，《史学集刊》2012 年第 6 期。

刘小萌：《清代北京的俄罗斯人与中俄文化交流》，《纪念王锺翰先生百年诞辰学术文集》，中央民族大学出版社，2013 年。

林日杖：《论明清时期来华传教士对大黄的认识——关于明清来华西人中药观的断面思考》，《海交史研究》2013 年第 1 期。

刘维彬、魏竟远：《关于文物保护建筑"两线"界定范围探讨——以横道河子镇圣母进堂教堂为例》，《森林工程》2013 年第 1 期。

穆文斌：《中国博物馆应面向世界——试谈外国文物的收集、整理、陈列和研究问题》，《中国博物馆》1986 年第 2 期。

马尉云：《俄国学者对中东铁路问题的研究》，《世界历史》2013 年第 6 期。

单丽丽、王大为：《俄罗斯国立埃尔米塔什博物馆敦煌文物收藏品概况》，《黑龙江史志》2013 年第 23 期。

沈建刚、张磊：《清末民初新疆流通俄币略述》，《和田师范专科学校学报》第 32 卷第 6 期（2013 年 12 月）。

宋晓梅：《俄罗斯科学院东方学所及所藏中国学文献》，《中国史研究动态》1998 年第 9 期。

王和平：《从中俄外交文书看清前期中俄关系》，《历史档案》2008 年第 3 期。

吴洋：《清代"俄罗斯佐领"考略》，《历史研究》1987 年第 5 期。

吴奕芳：《俄罗斯艺术里的中国风尚——18 世纪中国艺术对俄罗斯文化的影响》，《吉林艺术学院学报》1999 年第 4 期。

王克孝：《俄罗斯国立埃尔米塔什博物馆敦煌文物收藏品概况》，《敦煌研究》1996 年第 4 期。

吴冰：《东省文物研究会与哈尔滨白俄的俄文老档》，《黑龙江史志》2014 年第 10 期。

向斯：《宫廷藏书兴衰研究》，《故宫博物院十年论文选（1995～2004）》，紫禁城出版社，2005 年。

徐凤林：《东正教圣像的神学含义》，《世界宗教研究》2005 年第 3 期。

肖玉秋：《俄国东正教驻北京传教士团与清代中俄图书交流》，《清史研究》2006 年第 1 期。

肖玉秋：《1864 年以前的俄国来华留学生》，《历史档案》2007 年第 1 期。

羽离子：《俄罗斯首次对清政府助书始末》，《近代史研究》1991 年第 4 期。

于湘琳：《俄国东正教在哈尔滨的传播及其影响》，《广东广播电视大学学报》2002 年第 1 期。

阎国栋：《18 世纪俄国的"中国风"探源》，《俄罗斯文艺》2003 年第 4 期。

阎国栋：《郎喀使华与早期中俄文化交流》，《历史档案》2004 年第 4 期。

阎国栋：《帝俄满学的历史与成就》，《多元视野中的中外关系史研究——中国中外关系史学会第六届会员代表大会论文集》，2005 年 8 月。

阎国栋：《18 世纪中俄图书交流研究》，《俄罗斯研究》2007 年第 1 期。

阎国栋：《叶卡捷琳娜二世的中国观》，《俄罗斯研究》2010 年第 5 期。

阎国栋：《18 世纪俄国中国知识的欧洲来源》，《国外社会科学》2011 年第 4 期。

阎国栋：《遥远的记忆与诱人的传闻——17 世纪中期前俄国的中国形象》，《俄罗斯研究》2013 年第 3 期。

张玉全：《俄罗斯馆始末记》，《文献专刊：故宫博物院十九周年纪念》，1944 年。

张铁弦：《记 1845 年俄国所赠的科技图书》，《文物参考资料》1958 年第 6 期。

赵云田：《清朝理藩院和中俄关系》，《齐齐哈尔师范学院学报》1981 年第 Z1 期。

朱显平：《论 1917 年前我国东北的俄国卢布》，《北方文物》1988 年第 1 期。

张雪峰：《清朝初期俄罗斯佐领的起源》，《西伯利亚研究》2007 年第 3 期。

张雪峰：《清朝初期俄罗斯佐领融入中华文化进程考》，《西伯利亚研究》2007 年第 4 期。

张雪峰：《中俄经贸关系史话的历史见证——莫斯科的"中国茶楼"》，《社会科学论坛》2008 年 6 月（上）。

赵继敏：《从在俄罗斯调查征集的实物资料看溥仪其人》，《东北史地》2011 年第 2 期。

张冰：《李福清中国年画艺术比较研究》，《俄罗斯文艺》2012 年第 2 期。

俄、英文参考文献

АраповаТ. Б. Китайскиеизделияхудожественногоремеславрусскоминтерьере XVII – первойчетверти XVII-II века. （К истории культурных контактов Китая и России в XVII – XVIII веках）. //Труды Государственного Эрмита. 1989，№9.

Абрамова Н. А. Традиционная культура Китая и межкультурное взаимодействие（социально – философский аспект）. Чита：ЧитГТУ，1998.

Арапова Т. Б. Китайский фарфор в собрании Эрмитажа. Конец XIV – первая треть XVIII века. Л.：Аврора，1977.

Арапова Т. Б. Китайские расписные эмали. Собрание Государственного Эрмитажа. – М.：Искусство，1988.

Агаркова Г. Ломоносовский фарфоровый завод. Санкт – Петербург 1744 1994. – СПб.：Ломоносовский фарфоровый завод，1994.

Андреева Светлана Геннадиевна. Пекинская духовная миссия в контексте российско – китайских отношений，1715 – 1917 гг.：Дис. . . канд. ист. наук：07. 00. 15 Москва，2001 192 с. РГБ ОД，61：02 – 7/376 – 2.

Андреева Светлана Геннадиевна. Пекинская духовная миссия во время восстания ихэтуфней（1898 – 1901）// XXXI научная конференция 《Общество и государство в Китае》. М.，2001.

Банников А. Г. Первые русские путешествия в Монголию и Северный Китай：Василий Тюменец, Иван Петелин，Федор Байков. М.，1949.

Бенуа А. Царское Село в царствование императрицы Елисаветы Петровны. СПб.：Издание товарищества Р. Голике и А. Вильборгъ，1910.

Бутлер К. Мейсенская фарфоровая пластика XVIII века в собрании Эрмитажа. Каталог. Л.：Аврора，1977.

Белозерова В. Г. Традиционная китайская мебель. М.：Наука，1980.

Бенуа А. Китайский дворец в Ораниенбауме. // Художественные сокровища России. 1901，№10.

Бантыш – Каменский Н. Н. Дипломатическое собрание дел между российским и китайским государствами с 1619 по 1792. Казань，1882.

В. П. Бутромеева，В. В. Бутромеева. Н. В. Бутромеевой. 《Россия державная》 Иллюстрированное издание под редакцией – М.：Белый город 2007.

Виноградова Н. А. Средневековый Китай. Пекин как художественное целое. // Художественные модели мироздания. – М. ： НИИРАХ，1997.

Вильчковский С. Н. Царское Село. СПб. ： Издание товарищества Р. Голике и А. Вильборгъ，1911.

Глухарева О. Н. Изобразительное искусство Китая. М. ： Государственное издательство изобразительного искусства，1956.

Гордеев Н. В. Русское огнестрельное оружие и мастера – оружейники Оружейной палаты XVII века // Государственная Оружейная палата Московского Кремля. М. ，1954.

Двуреченский О. В. Предметы вооружения и снаряжения всадника и верхового коня на территории Тушинского лагеря // Археология Подмосковья. Материалы научного семинара. Вып. 3. М. ，2007.

Дубровска Д. В. Миссия иезуитов в Китае. Маттео Риччи и другие. М. ： Крафт，Институт востоковедения РАН，2001.

Е. А. Григорьева，Российско – китайские отношения второй половины XVII – первой четверти XVIII века в контексте развития внешнеполитической доктрины империи Цин: автореферат дис... канд. ист. наук: 07. 00. 03 / Нижегор. гос. ун – т им. Н. И. Лобачевского. – Нижний Новгород，2000.

Згура В. В. Китайская архитектура и ее отражение в Западной Европе. М. ： Ранион，1929.

Избрант Идес и Адам Бранд. Записки о русском посольстве в Китай（1692 – 1695）/ Вступительная статья М. И. Казанина. М. ，1967.

Кудрявцева Т. В. Русский императорский фарфор. СПб. ： Славия，2003.

Кречетова М. Н. ，Вестфален Э. Х. Китайский фарфор. JL: Государственный Эрмитаж，1947.

Кочетова С. М. Фарфор и бумага в искусстве Китая. Краткий исторический очерк. М. ，JI. ： Издательство Академии Наук СССР，1956.

Кречетова М. Н. Ткани《кэсы》времени Сун（X XIII века）в Эрмитаже. // Труды Государственного Эрмитажа. 1969，том X. Культура и искусство народов Востока. №7.

Канева М. И. Мебель Китая. Взгляд в прошлое. // Мир мебели. 1999. №4.

Ксенофонтова Р. ，Решетов А. М. Китайские коллекции Кунсткамеры в собрании МАЭ // Сб. МАЭ. Л. ，1980.

Станюкович Т. В. Кунсткамера Петербургской Академии наук. М. – Л. ，1953.

Лукин А. В. Медведь наблюдает за драконом. Образ Китая в России в XVII – XXI веках. – М: АСТ: Восток – Запад，2007.

Лубо – Лесниченко Е. И. Китай на Шелковом пути: Шелк и внешние связи древнего и раннесредневекового Китая. М. ：《Наука》，Изд. фирма《Восточная литература》，1994.

Лансере А. К. Русский фарфор. Искусство первого в России фарфорового завода. Л. ： Художник РСФСР，1968.

Мышковский Е. В. Стволы русского ручного огнестрельного оружия XV – XVI вв. Советская археология. 1961 №1.

Меньшикова М. J1. Китайские экспортные веера. СПб. : Государственный Эрмитаж, 2004.

Маковская Л. К. Ручное огнестрельное оружие русской армии конца XIV – XVIII веков. Определитель. М. , 1992.

Новоселов В. Р. Судьба арсенала Троице – Сергиевой лавры Смутного времени：мифы и документы. // Историческое оружие в музейных и частных собраниях. Тезисы докладов научного семинара 14 – 15 октября 2008. М. 2008.

Отдел внешних церковных связей Московского Патриархата, 《Православие в Китае》东正教在中国, отпечатано в типографии ЗАО 《A – Print》, Москва, 2010.

Полякова Е. О. Бухарские купцы в русско – китайских торговых отношениях XVII века // Известия Уральского университета. Серия 2：Гуманитарные науки 2011. №4 （96）.

Писаренко К. А. К истории создания русского фарфора：Челобитная А. М. Владыкина, 1748 г. // Российский Архив：История Отечества в свидетельствах и документах XVIII—XX вв. : Альманах. — М. : Студия ТРИТЭ：Рос. Архив, 2010. — [Т. XIX] . — С. 26—32.

Полякова Е. О. Отечественная историография русско – китайских отношений XVII в. //Документ. Архив. История. Современность：сб. науч. тр. Вып. 11. Екатеринбург, 2010.

Полякова Е. О. Русские торговые путешествия из Сибири в Китай в XVII веке//Урал в зеркале тысячелетий. Кн. 1. Вып. 50. Екатеринбург, 2011.

Полякова Е. О. Торгово – дипломатическая деятельность Сеиткула Аблина：к вопросу о роли бухарцев в становлении русско – китайских отношений в XVII в. //Россия и Китай：исторический опыт взаимодействия и новые грани сотрудничества. Материалы научно – практической конференции. Екатеринбург, 2009.

Полякова Е. О. Развитие отечественной историографии русско – китайских отношений в XVII в. // Личность. Общество. Государство：материалы регион. студ. науч. конф. , 31 окт. 2009 г. Екатеринбург, 2010.

Полякова Е. О. К вопросу о посольстве Избранта Идеса в Китай （1692 – 1695） // Вызовы глобализации и перспективы человека в современном мире：тезисы докладов и сообщений научной конференции студентов – стипендиатов Оксфордского Российского Фонда （23 – 24 апреля 2009 г. ）. Т. 2. Екатеринбург, 2009.

Пирогова Л. Л. Русская лаковая миниатюра：истоки и современность. СПб. : Янтарный сказ, 2003.

Э. Э. Ухтомский. Путешествие на Восток Его Императорского Высочества Наследника Цесаревича. Петербург. 1893 – 1897.

Скачков П. Е. Очерки истории русского китаеведения. М. , 1977.

Geijer A. , *Chinese Silks Exported to Russiain the* 17*th c.* Stockholm：BMFEA，1953.

John King Fairbank，*The Chinese Word Order：Traditional China's Foreign Relations.* Cambrige：Harvard University Press，1968.

Mark Mancall，*Russia and China：Their Diplomatic Relations to 1728.* Cambridge，Mass：Hatward University Press 1971.

Putnam Weale B. L. ，*Manchu and Muscovite.* NewYork：The Macmilan Company，1903.

Widmer E. ，*The Russian ecclesiastical mission in Peking during the eighteenth century.* Harvard，1976.

后　记

一　科研计划拟定

2014 年 6 月，故宫博物院王进展老师的一个电话，我的人生开始了另一段旅程，我来故宫做博士后了。对合作导师朱诚如先生仰慕已久，终能忝列门墙，说不出的激动。但由于科研计划还没有考虑清楚，怕辜负导师的信任，又惴惴不安。

一切都有序进行。导师先是安排几次面谈，送我很多书，引导我进入科研计划筹备阶段。渐渐地，我通过查阅文献，有了一点思路，在和导师交流中不断受到启发。随后，中国博士后基金开始申请，我把自己的想法罗列成文，导师在题目的拟定整体布局上都予以掌控，最终我申请到博士后基金。这为论文的写作方向坚定了信心。

二　赴俄罗斯、哈萨克斯坦、吉尔吉斯斯坦考察

由于论文定位在俄罗斯藏的中国文物和中国故宫博物院藏俄罗斯文物，我开始查阅相关文献。受俄文文献启发，我发现很多中国文物藏在世界著名的艾尔米塔什博物馆。于是，我冒昧地写了一封信给该馆东方部。整整一个月过去，无人回复。直到 2015 年 4 月，一封来自艾尔米塔什博物馆的传真发给了故宫，并提及我的信。外事处的同事把信转给我，这是来自研究敦煌黑水城的汉学家萨马秀克，信中提到她要到访故宫博物院，希望能看到一些中国古代绘画，我马上根据她提供的清单和故宫博物院书画部联系，这里要特别感谢书画部曾君主任和张震研究馆员给予的支

持，萨马秀克在离开前一天终于看到她梦寐以求的画。回去以后，她对故宫博物院评价非常高，她和艾尔米塔什博物馆的学者谈到，她看到了学术开放的故宫博物院。这对后来艾尔米塔什博物馆馆长彼奥特罗夫斯基第一次迈进故宫，参加"紫禁城论坛"产生直接影响。

2015 年 7 月，我踏上了俄罗斯博物馆的考察之旅。我先后到访了哈萨克斯坦和俄罗斯，参观了数十个博物馆。最后，受艾尔米塔什博物馆东方部邀请，我停留在圣彼得堡的艾尔米塔什博物馆做访学，中国文物在这个博物馆的地位举足轻重。萨马秀克教授全程陪同我利用图书馆，参观库房，观摩文物，还和著名汉学家孟列夫的女儿玛利亚·孟什科娃结识，一起交流清政府赠送俄国沙皇的外交礼品及其他中国文物，和著名瓷器专家阿拉波娃交流瓷器，走进她的办公室和库房观摩，她如数家珍，讲解了整整 3 个小时。

2015 年 9 月，"紫禁城论坛"迎来了艾尔米塔什博物馆馆长彼奥特罗夫斯基，我有幸做他的陪同助理。期间，我和他提到艾尔米塔什博物馆藏的中国文物和故宫博物院藏的俄罗斯文物，他非常感兴趣，并鼓励我和他们多交流。2016 年春节，我再次到访艾尔米塔什博物馆，并受到馆长的热情接待。我把自己的研究进展做了汇报，与俄学者的不断交流，为我从事俄罗斯馆藏中国文物研究坚定了信心。

此外，这期间我还多次到克里姆林宫博物馆考察，由于克里姆林宫博物馆和故宫博物院之前举办过合作展览，所以一切并不陌生。他们不但让我在库房和展厅对沙皇加冕文物（即将在故宫博物院展出）进行一一观摩，而且还按我提供的中国文物清单，带我观摩了几乎所有馆藏中国文物，最兴奋的是看到沙皇伊凡雷帝之子（皇太子）的私人收藏——"苏丽雅"瓷瓶，这是俄罗斯重量级的藏品，也是克里姆林宫最早的青花瓷收藏。

三 加拿大皇家安大略博物馆

2016 年 7 月 18 日，我到访加拿大皇家安大略博物馆。原本皇家安大略博物馆并不在我的研究范围，但对该馆藏 35000 件中国文物早就有所耳闻。这次由我硕士导师古方引荐，有幸得到沈辰馆长的邀请，我观摩了该馆的文物。通过短期考察，我发现俄罗斯和加拿大藏的中国文物既有相通之处，也有不同。例如，两国藏中国文物都受到传教士的直接影响，在内容上都反映出对中国古代墓葬形式的极大兴趣，这类藏品数量庞大。而且，两国外销文物占的比重都较大。不同之处在于加拿大皇家安大略博物馆的精品文物更多，而且来源清楚。在研究文物方面，由沈辰馆长带领的团队对中国文物有更深入研究，并且积极主动和中国学者合作，取得卓越学术成果。而这方面俄罗斯虽然起步早，但在文化理解上的偏差，导致很多在俄罗斯的中国文物并没有得到正确诠释。

好像一切早有安排，在这里我居然找到了一幅俄罗斯驻京传教团职业画家列加舍夫的画，这也让我后来多次到访 ROM 查找资料。

四 思路梳理

整个考察过程零散无序，我不得要领，从最初看到中国文物就兴奋，并努力想搞清楚每件文物的来龙去脉，到后来由于数量庞大，千头万绪，我陷入瓶颈。于是去请教朱诚如先生，先生让我把握主线，抓住几项重点文物，以后再慢慢展开。由此，我才定位在外交礼品和与宫廷相关的文物。

回国以后，通过对资料初步整理，我把俄罗斯藏的中国文物情况归纳成宫廷文物交流、外销文物、瓷器交流、中俄图书交流等几部分，开始逐步整理手中获取的资料。在整理过程中，发现有些文物对不上，有些文物俄罗斯专家判断并不准确，开始逐步求证的过程。有了整体思路后，我从 2015 年 10 月开始继续查阅资料，撰写论文，历时一年之久，这篇出站报告初见模样，但还有很多问题并没有弄清楚，很多资料还没有运用，但这些工作，为下一步研究俄罗斯藏中国文物和中国故宫博物院藏俄罗斯文物奠定了基础。

五 感谢

两年的博士后工作即将结束，感谢所有支持和帮助过我的人。首先感谢恩师朱诚如先生，先生给我的启发和指导是我一生的财富。感谢任万平院长，在我查阅文献过程中，提供故宫博物院藏俄罗斯文物的相关信息。同时，我对一些文物的名称和断代不甚清楚，任副院长前瞻性的学术视角，对我启发和影响很大。感谢沈辰馆长，为我赴加拿大皇家安大略博物馆考察提供的一切便利条件，让我在库房专心研究文物。感谢瓷器泰斗耿宝昌先生，遇到问题我多次去请教，先生对我带去的俄文图录非常感兴趣，并解答我的很多问题，嘱咐我赶快出版，让大众尽快见到这些藏在俄罗斯的中国文物。感谢吕成龙研究馆员，在我申报博士后基金时写推荐信并指导我辨识文物。感谢于庆祥研究馆员，举办"俄罗斯画家眼中的中国"主题讲座，我有幸担任翻译，从而对俄藏中国绘画有较为全面的了解，这也成为我论文的一部分。感谢宫廷部郭福祥研究馆员，提供故宫藏俄罗斯一批银器的信息，并指导我研究这批文物。感谢王进展主任，在博士后工作站期间，竭尽全力为我的博士后学术和生活创造条件。

感谢周梅博士，陪我赴哈萨克斯坦考察文物，路途遥远却不孤单。感谢中新社文龙杰博士，在哈萨克斯坦阿斯塔纳为我提供住处，并带我参观哈萨克斯坦国家博物馆和遗址。还要感谢俄罗斯支持我的所有同仁和在俄罗斯的鄂温克族同胞，在我赴俄罗斯考察期间，给我无私帮助和提供便利。感谢王玉来博士、徐华烽博士、杨杨博士、张蕊博士，一起度过博士后愉快的研学时光。感谢党力文老师，对我从生活和学习上都给予关照。感谢张剑虹博士、魏敏博士、李文益博士、张利锁博士在研究中对我的支持。

最后，感谢父母、爱人和女儿，我一切动力来自家人的理解和爱。

附录笔者译

俄罗斯艾尔米塔什博物馆藏康熙水晶花瓶[①]
——岁寒三友
柯列切托娃

  中国工匠和艺术家在进行艺术创作的过程中，对材料的使用起了很大的作用。他们首先仔细研究材料的物理特性，并加以利用。其次，不光是鲜活的物体，包括每块岩石、每棵树木、每朵花都会被中国艺术家们所单独感知。这种对自然的理解和中国的哲学思想紧密相关，对8至14世纪的中国艺术家的思想影响深远，并持续影响了一代又一代的人。

  这种对自然的感觉通过细致观察和研究，在艺术中以各种形式精彩呈现出来。艺术家对每种事物现象本质进行捕捉、猜测，并把这种本质明确、简单和富有感染力地表现在艺术品上，从而表达作者的真实想法。这三个不可缺少的条件就是：材料之外的东西、技术的掌握、高超的技巧，以上就是研究艺术品必不可少的条件。

  在艾尔米塔什博物馆丰富的藏品中，有很多17至18世纪中国玉石雕刻。我们现在把注意力停留在水晶花瓶上，它部分被雕成彩色的树干、小狗，透明部分则轻松地像梅花掉在冰面上一样。不，看起来材料只是用来更多体现这些梅花在冬天没有树叶的树枝上盛开着，作为马上来临的春天预报的体现。这时，寒冷的冰裂开第一道裂缝，在"裂开的冰背景衬托下的梅花"，这个情景给了画家想象的空间，并成为

[①] 原文来自：Кречетова，М. Н. РезнойкаменьКитаявЭрмитаже ／ М. Н. Кречетова，М. Э. Матье － Л.：Изд － воГос. Эрмитажа，－1960. －102с.

花瓶最受欢迎的装饰题材。这种花瓶为中国人新年互赠好友的礼物。

到底何时开始梅花成为中国艺术品中的象征和装饰题材的？现在还不是十分清楚。在18世纪末期编纂的中国古代皇家收藏图录《西清古鉴》第六卷第25页上，用细线条勾画了一只巨大的青铜祭祀用器，外观为球形炉带盖，三足。蛇形连续纹饰在器表分两层分布，在盖子上以圆形三层分布。此外，在盖子上还有四只卧牛。在传统抽象的纯几何图形的两个弯曲足上，不经意间露出五瓣花，每足一朵。这个器物有铭文注释，叫鼎，带有云纹和雷纹。这是周代的鼎（大约公元前1100至前256年）。关于花和牛则没有注释。

在第21卷22页中我们看到青铜壶，下部是五瓣花，两瓣朝上，上部是一个典型的八瓣花。注释为汉代梅花款容器。事实虽然明显，但是过早或者绝对轻易地对这些图案下结论是不对的。何况中国人对类似的图案每次看法都不一样。我们暂时也没有证据来解释什么时候第一次有这样的术语——梅花款。另外有一件事情很有趣，著名美国考古学家贝特霍尔德·劳费尔（Berthold Laufer），在自己的《Jade：a study in Chinese archaeology and religion》著作中，第42页有一幅图，是一只雕刻的蝴蝶，材质为白玉，上有黄沁，据称是从公元前210年去世的秦始皇陵中出土的，但劳费尔对此持怀疑态度，并且断代为汉代玉石。这里我们看到五次重复的梅花形象，一次在蝴蝶触角之间，四次在翅膀上，并且雕刻都是四瓣代表花蕊（代替五瓣）。虽然与传统梅花形象不同，但确实是梅花无疑。

回顾格鲁博（W. Grube）的著作，劳费尔在花和蝴蝶的组合中看出了要表达的含义，并给出自己的解释，代表了长寿和美好。我们能够按照自己感兴趣的问题在艾尔米塔什博物馆的藏品中找出例子。这是尺寸较小带盖的青铜鼎，上面有三只祭祀卧牛，外观像扁球立在三足底座上，这个鼎在拉祖莫夫斯基的报告中提到过，并于1938年5月18日在艾尔米塔什博物馆东方部的科研会议上发表。在它的装饰纹中有一系列被拉祖莫夫斯基称作"插座"形的花纹，不难知道这就是标准的梅花纹，有些五瓣有些六瓣，但连续并总是存在的。拉祖莫夫斯基非常肯定地把它归为花型青铜器，并断代为公元前7到前3世纪。

梅花这个题材一直激励着画家们进行创作。我们知道有很多有实力的画家，就这一个题材，就把它变换发挥到极致，成就了自己所有的创作。有趣地指出，小树枝的颜色很少被画家关注，总是推崇锐度和对比度。

最伟大的"梅花"画家之一王冕（1334～1415 年?)[1]，关于他的生平有很多有趣的记载，不光在明史的正式记录，还有明末清初的姜绍书的记录，以及以后更多的作者。作为一个贫苦农民的儿子，小时候他不好好放羊跑到寺庙里去，在那里他学到了各种本领，摆在他面前的是官场大好前程，但这和他的性格格格不入。他辞了职，彷徨过，并周游四方，醉心于自己的艺术和诗歌。最后回到了故乡，继续自己的艺术生涯。他描绘的全是梅花，而且从来不重复，他在画上写上自己的诗歌，作为绘画的补充，同时抒发情感。

喜仁龙在自己关于中国明代书画的著作中介绍了王冕的一幅作品，这次介绍是在上海的一次私人会议上进行的。我们这里看到部分老破多节的树，年复一年的被风雪坏天气摧残着。他们向着卷轴方向伸展着自己长长扭曲的树枝。突然间，这些看上去毫无生命的树节长出了新鲜的嫩芽，有无限的轻快和韧性。而在这些嫩嫩的树芽上，白雪温柔地覆盖着，花朵盛开。画面描述了自然界无尽的艺术创造力，生命无穷的活力。"老梅冬季开"，这是艺术家晚年写的诗，赋予自己的题材以很深的象征意义。回到我们的冰上梅花，我们强烈地感受到了作者的抒情和寓意。

在旁边和梅花做伴的是竹子。艺术家丝毫不担心梅花和竹子的不平衡。我们也不准备给予任何评价，但它的存在多少让人觉得有点牵强。不是那种直接的，类似于材料并不是在解释创作初衷方面来感染我们，而是在解释冰面上的梅花。这时产生了一个问题，为什么作者在此处画竹子？目的是什么？我们广泛地和很多画竹的中国画家探讨，还征求一些评论家的意见。最著名的是诗人和画家苏轼（字东坡，1036～1101 年），曾经做过大官。他总是引用所有评论家的评论（通常用名苏东坡）。作为伟大的鉴赏家，他画的竹子成为很多画家的典范，同时期还有他的好友文同，字与可（1018～1079 年）。很久以来，中国画家总是很欣赏竹子纤细轻盈，表面清洁光滑和有特点的竹节，体现了柔中有刚、宁折不弯的形象。关于这个题材有过许多专门的诗词歌赋，歌颂竹子的内涵。竹叶在寒冷的冬天也不变色继续与风戏耍，竹子在风暴肆虐下从不屈服，它倾斜弯曲但是不折断。竹子是永恒、纯洁的象征，

---

[1]　作者年代有误，应为 1287～1359 年，译者。

这正是竹子频繁出现在中国画中，画家总是把它放到梅花旁的原因。他们想锦上添花。

我们在手中欣赏珍贵水晶花瓶时，发现第三个有深刻寓意的事物——松。我们又回到了绘画，这些画都直接反映了中国画家思想。松树代表了什么？就我们所知，终生绘画松树的画家，就像我们观察的画竹和梅花的画家一样，几乎没有。

首先，画家在所有作品中不停地强调，树干的自然坚固，根的顽强不屈，和奇形怪状的树枝，永远翠绿的松针，也就是所有能够启发永恒联想的元素、力量的印象、创作的力量：松树永远不会被摧毁，永远不会屈服。

南宋画家马远（12 至 13 世纪），曾画过两棵松树在暴风中顽强抵御风寒的画，收于劳伦斯·比尼恩的著作中。在我们的花瓶上，很遗憾，并没有类似的题材，它只是平常，没有显著特点。

在艾尔米塔什博物馆的展品中，有一块双层水晶，画在岩石上的松竹，很好地体现了松树的这种特质。它既涵盖了生活气息，又很大程度上强调了材料特性——双层，而且它巨大的尺寸，具备特有的宏伟气质。我们知道，松树和竹子一样，出现在水晶之上，成为今天研究的对象，并不是创作的愿望，而是材料本身并不显示它的特性。松树特别引人注目，为了凸显开花，为什么需要加上另外两种具有象征意义的东西，松竹呢？自然有了这种想法，有什么特殊原因，还是偶然放在一起作比较？

在我们所有的展品中还有两样东西，也使用了同样题材，而且正和它们相匹配。第一件——18 世纪的银质茶壶。外观是竹筒切割，并有很多尖锐的竹节。我们发现了很多亮点，表面布满简单雕刻和各色珐琅，可以看到浅蓝和明亮的蓝绿色的竹叶，松树树干和白色的桃花玫瑰紫和绿色，整体色彩和银色的黑暗背景完美地结合在一起，表面还有中国艺术家作品中常有的斑点。虽然作品很完美，而且有精湛的绘画和技术制作，但我们要知道，这只是很漂亮的陈设，并不是我们上面述及是自然界的奇迹。另外一件东西给我们的印象也很特别，青花瓷瓶。外形为圆形，完成这件艺术创作并不容易，表面有很多高高突起的松竹，画师不光凭借高超的绘画技巧，还有高度的艺术修养提升了这件作品，他用强大和自信的笔锋极致地描绘松竹强大的力量，和欢愉轻快、争先向上闪亮的梅花，这 3 种植物散发着统一的和谐。这些重复的命题，使用不同材料完成同样的主题，告诉我们这里和选定的主题有着必然的联系，坚定地采用既定的象征组合。这样的假设也在中国文学中再次得到了验证，有这样一个术语"岁寒三友"，意味着所有著名象征意义的结合，在不同的题材中被反复运用。

它们当中有这样一种组合，"三个益友"体现在上面提到的组合里，松树、竹子、岩石；另外的组合是"岁寒三友"，它出现在瓷器上、银质茶壶和水晶花瓶上。

这样，我们认为，除了艺术品本身所有的艺术价值之外，我们还有复杂的意识形态方面的价值，有着特定的象征意义的事物，就像中国人在思想上有特殊意义的事物，他们存在于所有的中国艺术品中。

除此之外，很明显的是所有这些在我们面前展示的元素，都把我们吸引到艺术品本身，作为最直接的服务于它展现的方式。松树、竹子和梅花，三个朋友，显示了强大、无敌、力量、永久愿望和无尽能量。